पत्थलगड़ी

अनुज लुगुन

युवा वाणी

वाणी प्रकाशन

वाणी प्रकाशन
4695, 21-ए, दरियागंज, नयी दिल्ली 110 002
फ़ोन : +91 11 23273167 फ़ैक्स : +91 11 23275710
शाखाएँ
अशोक राजपथ, पटना 800 004, बिहार
कॉफ़ी हाउस कैम्पस, महात्मा गांधी मार्ग, इलाहाबाद 211 001, उत्तर प्रदेश
महात्मा गांधी अन्तरराष्ट्रीय हिन्दी विश्वविद्यालय, वर्धा 442 001, महाराष्ट्र
www.vaniprakashan.com
marketing@vaniprakashan.in
sales@vaniprakashan.in

Patthalgarhi
by Anuj Lugun

ISBN : 978-93-5518-101-5
Poetry Collection

पेपरबैक प्रथम संस्करण 2021
पेपरबैक द्वितीय संस्करण 2022
पेपरबैक तृतीय संस्करण 2023

मूल्य : ₹ 299

आर. टेक ऑफ़सेट प्रिंटर्स, दिल्ली-110 032 में मुद्रित

वाणी प्रकाशन का लोगो मक़बूल फ़िदा हुसेन की कूची से

समर्पण

जिन्होंने अपने अस्तित्व को
पत्थरों पर अंकित किया
जो न धूप में पिघलता है
और न बरसात में गलता है

भूमिका

'पत्थलगड़ी' आदिवासियों का सांस्कृतिक विधान है। जन्म से मृत्यु तक मुण्डा आदिवासी पत्थरों को सहेज कर रखते हैं। उनकी मान्यता है कि पत्थर भी जीवित होते हैं, समय के साथ उनकी उम्र बढ़ती है। उनका जीवित रहना आदिवासियों के जीवन का जीवित बचे रहना है। वे पत्थरों को नहलाते हैं, उसे तेल लगाते हैं। चावल की गुण्डी (आटा) से उसे सम्मान देते हैं। उनके लिए जतरा (त्योहार) का आयोजन करते हैं, माँदल बजाते हैं और गीत गाते हैं। पत्थर भी इस भावना को महसूस करते हैं और वे ताउम्र आदिवासियों के साथ खड़े रहते हैं। वे गवाह हैं आदिवासी जीवन और इतिहास के। अनादिकाल से आदिवासी जीवन और इतिहास से गहरे जुड़े होने के कारण पत्थर प्रतिरोध और स्वायत्तता के प्रतीक बन गये हैं। दोनों एक–दूसरे से बिछड़ नहीं सकते।

मेरी कविता अपने पूर्वजों का शुक्रिया अदा करती है कि उन्होंने सहजीविता की जीवन–दृष्टि दी और पत्थरों को जीवन का अभिन्न हिस्सा बनाया। कला में सहजीविता जीवन में स्वायत्तता का सूचक है। अब जबकि समूचा जीवन ही विज्ञापनों और सूचना तन्त्रों के जंजाल में क़ैद है, ऐसे में सहजीविता और स्वायत्तता की बात करना स्वाभाविक विद्रोह है। औपनिवेशिक समय में जब शासन ने आदिवासियों से उनकी ज़मीन का मालिकाना सबूत माँगा तो कचहरी में आदिवासियों के साथ पत्थर भी खड़े हुए। अंग्रेज़ों की अदालत ने आदिवासियों के पक्ष में पत्थरों की गवाही

को स्वीकार नहीं किया। उनकी ज़मीन पर सेंध लगाने के लिए अंग्रेज़ों ने उनके 'पत्थरों' के प्रयोग पर निषेध लगाया। उसके बाद जब–जब आदिवासियों ने अपनी ज़मीन का दावा किया, तब–तब शासन ने उनकी 'पत्थलगड़ी' पर निषेध लगाया। सहजीविता और स्वायत्तता को कुचलने की शासन की साज़िश बहुत पुरानी है। दुखद है कि आज भी कई आदिवासी गाँव 'पत्थलगड़ी' करने के आरोप में देशद्रोही माने गये हैं। आज जब फिर से आदिवासियों से उनकी ज़मीन का पट्टा माँगा जा रहा है तो पत्थर फिर से उनके पक्ष में गवाही के लिए खड़े हुए हैं। इस बार आदिवासियों के साथ केवल पत्थर ही नहीं खड़े हैं बल्कि उनके साथ कविता भी खड़ी हो गयी है।

अब कविता के स्वभाव पर बात करने के लिए ज़रूरी हो गया है कि पत्थरों के स्वभाव की बात की जाये। पत्थर सिर्फ़ आदिवासी जीवन के गवाह नहीं हैं। वे छाँव देने वाले पेड़ों के बारे में जानते हैं। वे नदियों के बारे में जानते हैं जिनके गर्भ में केवल मछलियाँ ही नहीं होतीं बल्कि किसानों के सहोदर भी होते हैं। वे जंगलों, पहाड़ों और सम्पूर्ण पारिस्थितिकी के बारे में जानते हैं। वे समूची मानव सभ्यता के गवाह हैं। वे मनुष्य की भूख के बारे में सबसे ज़्यादा जानते हैं। वे मनुष्य के भटकाव को जानते हैं। वही हैं जो ग़लत रास्ते पर चलते हुए राहगीरों के पाँव में ठोकर बनकर लगते हैं और नये रास्तों की खोज कराते हैं।

यह पत्थरों पर निषेध लगाने का सरकारी समय है। यह पत्थरों को सभ्यता के नाम पर ज़मींदोज़ कर देने का क्रूर समय है। ऐसे में कविता वस्तुओं की नक़्क़ाशी की कविता नहीं हो सकती। पत्थरों से देव–मूर्तियों का शिल्प उकेरने की कविता तो कतई नहीं हो सकती। यह सत्य के पक्ष में गवाही देने वाले की अनगढ़ता को स्वीकारने वाली कविता होगी। नागरिकता के सवाल हों या, किसी गाँव के भीमा कोरेगाँव होने के सवाल हों, या, आदिवासी अस्तित्व के सवाल हों, या खेती–किसानी के

सवाल हों, या किसी समाज की स्वायत्तता के सवाल हों, जब कोई कविता इन्हें अपने साथ लेकर चलेगी उसपर पत्थलगड़ी करने का आरोप लगाया जायेगा। आज की कविता पत्थलगड़ी करने वाली कविता होगी। कथित सभ्यता और विकास का क्रेशर केवल पहाड़ों पर ही नहीं चल रहा है बल्कि वह कविताओं पर भी चला दिया गया है। संवेदनाओं को सहेजने के लिए ज़रूरी है स्वायत्तता, और यह बिना सहजीविता के अधूरी होगी। सहजीविता और स्वायत्तता ही मनुष्यता के सर्वोत्तम लक्ष्य हो सकते हैं और कविता उसका माध्यम।

मेरा पहला काव्य संकलन 'अघोषित उलगुलान' अब तक अप्रकाशित है। अन्यथा यह मेरी तीसरी कविता पुस्तक होती। लेकिन अब यह दूसरी कविता पुस्तक होगी। 'बाघ और सुगना मुण्डा की बेटी' सबसे पहले प्रकाशित हुई। प्रकाशन के लिए वाणी प्रकाशन ने पहले भी सहयोग किया है। यह सहयोग अब विश्वास बन रहा है। इसके लिए मैं वाणी प्रकाशन का आभारी हूँ।

–अनुज लुगुन

गया / 06 / 03 / 2021

अनुक्रम

अभी और रात बाक़ी है दोस्त

अभी और रात बाक़ी है दोस्त
अभी और चाँद बाक़ी है
तारे बाक़ी हैं
आसमान बाक़ी है
कास के सफ़ेद फूलों का चमकना
अभी और बाक़ी है

तुम जो कह रही थी
यह आख़िरी रात है बिछड़ने की
अगली सुबह तक
क़िस्सों को बुन लेने की
उसके बाद फिर से निकलना होगा
उसी कन्धे पर
लोहे का भार ढोकर चलना होगा
ऊबड़–खाबड़ पगडण्डियों पर
भिड़ना होगा घात लगाये शत्रुओं से

तुम जो उदास हो रही थी विदा होते हुए कि
यह जो रात है
आख़िरी है साथ होने की

अभी तो और रात बाक़ी है दोस्त
अभी और खेत बाक़ी हैं
हल बाक़ी हैं
बीज बाक़ी हैं
लोहे के पहियों पर
बैलों की घण्टियाँ बाक़ी हैं

तुम जो कहती थी कि
नासूर सी है यह दुनिया
इसे ठीक करना है
लोहारों के बनाये औज़ारों से
हँसिया से, सँड़सी से, कुदाल से, स्त्रियों की भाषा से
दलितों की रेती ज़रूरी है
गठिया गये वर्ण वृक्ष को काटने के लिए

तुम तो रीझ जाती थी
आदिवासियों को नाचते हुए देखकर
महाकाय धन पशुओं के ख़िलाफ़ लामबन्द होते देखकर

तो फिर उदास क्यों हो जाती हो दोस्त?

अभी वो रात कहाँ आयी है दोस्त
जिसकी यातना की पट्टियाँ खुल गयी हों
जिसकी डोर
अन्धे कुएँ में गिरे
सूरज तक पहुँची हो
अभी तो और पहाड़ बाक़ी है दोस्त

अभी और बात बाक़ी है
विचार बाक़ी है
इन्तज़ार बाक़ी है

यह जो रात है विदा की
आख़िरी नहीं है
चाँदनी और सजिशों की पदचाप से भरी हुई
इससे गुज़रे बिना
अधूरे होंगे मिलन के क़िस्से।

12/12/2019

आधी रात की कविता

पहले वे जंगलों को जलाते हैं
फिर उसके जीवाश्म से
अपने चेहरे चमकाते हैं
वे रंगों को अपनी मुट्ठी में करना चाहते हैं
और कलाकारों को धकेल देते हैं अँधेरे में

वे नियमों के साथ नहीं आते
कोर्ट कचहरी और सचिवालय के साथ नहीं आते
वे अपनी मंशा में सरकार नहीं होते हैं
उनकी बर्बरता अतीत के घुड़सवार पर
सवार होकर आती है
और उनकी धमनियों में घात लगाकर बैठ जाती है

वे डर को स्थायी बना देना चाहते हैं
ताकि हवा हवा न रहे और
चींटियाँ ज़मीन के आर–पार न चली जायें
वे हर ताक़त को वर्दी में और
हर वर्दी को मरे हुए
मस्तिष्क में बदल देना चाहते हैं

तब आसान होता है उनके लिए

जंगलों से मैदानों में फैलना
मैदानों से मुहल्लों में पसरना
मुहल्लों से चौक–चौराहों में
खुलेआम शासन की उँगली से
वे विषाणुओं की तरह
संक्रमित होते जाते हैं
और लाल रक्त के कणों को मार देते हैं

वे जो देश को एक नक्शा मात्र मानते हैं
जो राष्ट्र की वर्तनी में
किसी जाति या धर्म का नाम टाँक देते हैं
उनकी साज़िशों को
जले हुए मकानों में देखा जा सकता है
उनकी पवित्रता के अनुष्ठानों का
सहज लक्षण होता है यह

जंगलों को रौंदते हुए
उनके हाथों में पोथियाँ होती हैं
मैदानों को बंजर बनाते हुए
उनके पैरों में
किसी पड़ोसी देश का
झण्डा अपमानित होता है
और जब वे मैदानों, मुहल्लों से
चौक–चौराहों की ओर बढ़ जाते हैं
उनकी ज़ुबान पर
देशभक्ति की वर्तनी इतराती है।

वे अपनी दस्तक से ही
घर के किवाड़ों को दहशत से भर देते हैं

उनके स्वागत में
पेशेवर अपराधी नहीं होते
बल्कि भाषा के व्यवसायी
इतिहास की क़ब्र पर खड़े होकर उनका स्वागत करते हैं।

19/03/2020

इतिहास की क़ब्र का भूखा आदमी

वह कोई ऐसी शख़्सियत नहीं था कि उसे मारने के लिए
शासन ने कोई बहुत बड़ा षड्यन्त्र रचा हो
यह तब होता जब वह कोई शहज़ादा होता
उसे तो खाना नहीं दिया गया था और वह मर गया

कोई अभिलेख होता तो बताया जाता
कि वह कलाओं में निपुण था
शिलालेख होते तो उसकी प्रशस्ति का गान होता
उसके कपड़े इतने चीथड़े हो चुके थे
कि बारिश के कुछ दिनों के बाद ही गल गये
और उसकी कटोरी जो कि
पुरातत्ववेत्ताओं के लिए खोज का विषय होती
उसे किसी और ने चुरा लिया था

कुछ कहते हैं कि वह बेबीलोन की सभ्यता का किसान था
किसी ने कहा कि वह रोमन साम्राज्य का दास था
किसी ने दावा किया कि वह शूद्र था आर्य सभ्यता का
और उसकी छाँव लगने से लोगों को कोढ़ हो जाता था
जो भी हो लेकिन यह तथ्य मौजूद है
कि वह एक भूखा आदमी था
और उसकी सरकारों ने उसकी भूख मिटाने के लिए
उसे अन्न की जादुई थैली नहीं दी थी

जबकि शासकों के कारनामे
जादुई थे
इतिहास में बड़े–बड़े सूरमाओं के साथ ही
एक भूखे आदमी की क़ब्र भी है
उसे किसी षड्यन्त्र में नहीं मारा गया था
बल्कि वह मरा था राजनीतिक आदर्श से

किसी भी युग में शासन भूखे को भात नहीं देता है
वह उसे आदर्श देता है और
अपनी गुफ़ा में उसका मस्तिष्क घुसेड़ देता है
उसे न मानना बग़ावत है
उस आदमी ने गुफ़ा से अपना मस्तिष्क निकाल लिया था

जब इतिहास में किसी हुकूमत की क़ब्र जगमगाती है
तो वहीं अँधेरे में
किसी भूखे की भी क़ब्र होती है
जो उसकी दया के शिल्पों को तोड़ देती है।

24/09/2020

उनके प्रतीक

हमें कभी कहा नहीं गया
गाय की पूजा करने के लिए
कभी सिखाया नहीं गया
क्रूस की पवित्रता का
प्रचार करने के लिए
न ही कभी बताया गया
चाँद–तारों को धर्म का प्रतीक

न हमने कभी बाइबिल पढ़ा
और न ही कभी
कुरान की आयतें दुहराईं
न ही कन्धे से
बहिंगा को उतार कर
गीता का बोझ उठाया

लोग हमें कहते रहे जंगली
हमने असभ्य होने की उपाधि पायी
पुरखों को कहा गया असुर

हमने कुछ भी नहीं कहा
बदले में अपनी भाषा के

विशेषणों को नहीं बिगाड़ा
हम या तो
माँदल की डोरी तानते रहे
या धनुष सँभालते रहे
ऐसे ही हम गीत बुनते रहे

हम समझ नहीं पाते हैं
उनके अनमोल वचन
जो ईश्वर की महिमा से भरे होते हैं
जो ईश्वर को एकमात्र सत्ता बताते हैं
वही वचन ईश्वर को बचाने के लिए हमसे
कुर्बानी का आह्वान क्यों करते हैं?

सेवा जिनके लिए
अपना झण्डा फहराने का चोर दरवाज़ा है
वे ही जंगलों में
प्रतीकों को लेकर आते हैं।

16/03/2020

फिसलन से बचने के लिए

और कितने ही साथी हैं जो बीहड़ों में हैं
जो जुलूसों में हैं
क़स्बों, गलियों और झुग्गियों में हैं
ये तुम्हारी तरह सुविधाएँ नहीं चाहते
विज्ञापन और नाम तो कतई नहीं चाहते

वे जहाँ रहते हैं वह जगह बहुत ख़ूबसूरत नहीं है
उनकी ज़मीन तुम्हारे घर के फ़र्श की तरह
फिसलन भरी नहीं है
और शायद इसलिए वे तुम्हारी तरह
बार–बार नहीं लड़खड़ाते हैं
उनके कमरे अक्सर सीलन भरे होते हैं
सत्ता की लोच के ख़िलाफ़

और न जाने कितने समर्पित जन हैं
जो जुलूसों में चलते हुए
लॉन्ग मार्च की आकृति बनाये हुए हैं
तुम इन्हें झण्डा उठाने वाले कहकर
बौद्धिक हँसी हँसते हो

तुम कहते हो सिद्धान्त ज़रूरी है
वे मानते हैं नीयत ज़रूरी है।

नवम्बर 2019

नागरिकता के सीमान्तों पर खड़े लोग

नागरिकता के सीमान्तों पर खड़े लोग
सन्दिग्ध हो जाते हैं
वे बहुसंख्यक आबादी की पूँछ माने जाते हैं
जानवरों की तरह
लोग उनसे अपनी देह की मक्खियाँ झाड़ते हैं
उन्हें वे अपने पेट तक पहुँचने नहीं देते
अपने सीने से लगने नहीं देते
अपनी ज़ुबान की भाषा तो
उन्हें कभी होने ही नहीं दिया जाता
वे उन्हें अपने मलद्वार के ठीक ऊपर
लटका कर रखते हैं

अकविता की भाषा की तरह
बहुसंख्यक अपने बच्चों को उनसे दूर रखते हैं
वे असभ्य और पिछड़े माने जाते हैं

नागरिकता के सीमान्त पर खड़े लोग
कभी जम्मू के हो जाते हैं
तो कभी कश्मीर के
कभी पूर्वोत्तर के हो जाते हैं
तो कभी बस्तर के

वे सीरिया, फिलिस्तीन, म्यांमार
मैक्सिको, ग्वाटेमाला कहीं के भी हो सकते हैं
यहाँ तक कि वे हमारे घरों में
चूल्हों, चौकियों और चौखटों के हो जाते हैं

धीरे–धीरे वे गुस्सैल हो जाते हैं
वे चिड़चिड़े हो जाते हैं
कभी–कभी तो वे हथियारबन्द भी हो जाते हैं
तब उन्हें और आसान हो जाता है
नागरिकता के पायदान से धक्के दे देना

नागरिकता के सीमान्त पर खड़े लोग आपकी तरह
मुस्कुराते हुए आधार कार्ड दिखा नहीं सकते
राशन कार्ड लिए हुए भी उनका दिल धड़कता रहता है
वे जानते हैं उन्हें कभी भी अनाज की जगह
जेल की सलाखें मिल सकती हैं
वे आपको अपना भूगोल दिखा सकते हैं, मानचित्र नहीं
वे गोद में अपनी
बिलखते बच्चों को दिखा सकते हैं, उनका भविष्य नहीं
वे आपको अपनी आँखें दिखा सकते हैं, रुदन नहीं
वे नदियों, नालों, पहाड़ों
और कँटीले रास्तों को पार करते हुए
हमेशा किसी अनिश्चितता में पहुँचते हैं
यह उनकी ख़ूबसूरती है कि
वे हर चीज़ को लाँघते हुए
आदमियत के बन्द दरवाज़ों को तोड़ते हैं।

01/09/2019

पचपन बरस की मज़दूरी

(पैदल चलते मज़दूरों के लिए)

इस बरस में लोग अपने घर की छत देखते हैं
उम्र की घड़ियाँ ठहरती नहीं हैं लेकिन
कुछ पल लोग अपने बीते दिनों की याद में बिताते हैं
अपने बच्चों को स्कूल की दहलीज़ से निकल कर
दुनिया की उस पंक्ति में देखते हैं
जहाँ से तारे परिवार के लिए सुख लेकर आते हैं

लेकिन वे गये मज़दूरी के लिए
हज़ारों मील दूर चेहरे की झुर्रियों को ढोते हुए
उनकी पत्नियों ने अपने आँचल में फिर से उम्मीद को बाँधा
उन्होंने अपने बच्चों को भी साथ जाने दिया
यह पेट का युद्ध है
और इसमें कोई अकेले नहीं रह सकता है

गाँव ख़ाली हो चुका है, किसान नहीं हैं गाँव में
वे मज़दूर हो गये हैं शहर में
और जो नहीं गये
वे या तो बीमार हैं या समझदार हैं
कुछ ने दलाल बनना पसन्द किया

तो कुछ हथियारबन्द हो गये हैं जंगलों में
लोगों ने कहा यह सरकार का दोष है
सरकार ने कहा यह सरकार का ही दोष है लेकिन उनका नहीं
इस तरह बेबुनियाद बहसों ने
उनकी उम्र को धकेला है पचपनवें बरस में

एक मज़दूर को मज़दूरी चाहिए मुआवज़ा नहीं
एक किसान को किसानी चाहिए घोषणा नहीं
उनका यह विचार राजनीतिक नहीं होने दिया गया
और जब चौराहों में विजय के झण्डे फहरने लगे
तब वे अपनी ग़रीबी का रंग घिसते रहे

पचपन बरस की मज़दूरी पेट में नहीं सीने में दुखती है
जब गरिमा जंगलों से पलायन कर जाती है
तब सड़क पर भीड़ बीमारी बन कर टहलने लगती है

इस उम्र में वे भटकना नहीं चाहते हैं
वे तिनके जमा करना चाहते हैं घोंसलों के लिए
उन्होंने अभी भी अपनी आँखों से
चिड़ियों को थकने नहीं दिया है
वे जानते हैं घर तक लौटने का रास्ता
वे यह भी जानते हैं कि
केवल वायरस अपराधी नहीं है उनके जीवन के लिए

भले ही उनके रास्तों को रोक दिया गया हो
वे अपने घर तक रोज़ लौटते हैं बातों ही बातों में
एक दिन वे सभी अपराधियों को हरा देंगे।

22/04/2020

बहुत कम बच रहा है ऑक्सीजन

बहुत कम बच रहा है ऑक्सीजन
नाक में मास्क लगाकर तो रोज़ जिया नहीं जा सकता
और न ही इसके लिए घर में दुबक कर बैठा जा सकता है
साँस लेने के लिए खुली जगह की ज़रूरत होती है
हम बन्द हो रहे हैं सब ओर से

इतिहास में एक तारीख़ दर्ज है हिटलर के नाम
गैस चैम्बर में दम घुट कर मर गये लोगों को
सबसे ज़्यादा ऑक्सीजन की ही ज़रूरत थी

इतिहास की वह एक घटना थी जो राजनीतिक थी
इतिहास से हम सीख ले सकते हैं कि
राजनीतिक घटनाएँ भी ऑक्सीजन के लिए ज़िम्मेदार होती हैं

बहुत कम बच रहा है ऑक्सीजन
इसका मतलब सिर्फ़ यह नहीं कि जंगल कट रहे हैं
या ग्रीन हाउस का उत्सर्जन बढ़ गया है
इसे इस तरह भी समझा जाना चाहिए कि
किसी एक आदमी
या, किसी एक रंग की जातीयता
और राष्ट्रीयता की बात
अचानक लाखों लोगों को मौत की नींद सुला सकती है।

20/11/2017

मुख्यधारा

कम बोलने को
वह दब्बूपन समझता है
चुप रहने को
कमज़ोरी
खुलकर हँसने को
वह अशिष्टता समझता है
नाचना
उसके लिए अपमान है और
जंगलों में निवास करना
उसके लिए जंगलीपन है

हम तो
इसे ही सहजता मानते हैं
इसे ही इन्सानियत जानते हैं

मुबारक हो
उसे उसकी दुनिया
उसकी दुनिया में है अहंकार।

1/02/2020

मुझे मेरी नागरिकता दे दो

मुझे मेरी नागरिकता दे दो
मुझे मेरी अस्मिता दे दो
मानचित्र की उलझी रेखाओं में नहीं
आदमी होने की भाषा में मुझे नागरिकता दे दो

मैं हिन्दू हूँ, बौद्ध हूँ,
ईसाई हूँ, पारसी हूँ
मुसलमान हूँ
कोई भी हूँ
मुझे मेरी सम्मिलित नागरिकता दे दो

मुझे छत दे दो
भात दे दो
लिखने का हाथ दे दो
मुझे मेरी जुबान आज़ाद दे दो
संविधान में लिखी थी जो धर्म की बात
मुझे वही बात दे दो

कल जो होंगे मेरे बच्चे
नंगे और ठिठुरते हुए
उनको ग़रीबी की जात दे दो

मैं आदमी हूँ
मुझे आदमी होने की बात दे दो

तुम तो करोगे राज–पाट की बात
मुझे काम–काज की बात कर लेने दो
कुदाल चला लेने दो
लोहा गला लेने दो
अपना पेट पाल लेने दो
मुझे मेरी श्रमशील नागरिकता दे दो।

28/01/2020

मेरी वफ़ादारी तुम्हारे लिए नहीं है

तुमने अपनी रीढ़ परोस दी है
गाढ़े सॉस में डुबाकर
चर्बी में लिथड़े किन्हीं ऐय्याश देहों के लिए
और मुझसे कहते हो
प्रशस्ति–पत्र लिखने के लिए

मैं देख रहा हूँ हज़ारों औरतों को
हवा के गर्भ की चिन्ता में
सड़क पर बैठे हुए
और तुम मुझसे कहते हो
अपने लिए सम्पादकीय प्रकाशित करने के लिए

मैं उन जातियों का रेला देख रहा हूँ
जिनके पन्नों को संविधान से
नोंच कर फेंक दिया जा रहा है
और तुम मुझसे कहते हो
सावधान की मुद्रा में
विनम्रता साबित करने के लिए

तुम चूल्हे से सबका स्वाद देख आने के लिए कहते हो
और मैं सबके घरों से आग ले आता हूँ

तुम चाहते हो
मैं तुम्हारी भाषा के व्याकरण को
हर किसी के ज़ुबान पर टाँक दूँ
लेकिन मैं तुम्हारी भाषा की टूटी वर्तनी पर
उँगली रख देता हूँ

तुम कहते हो सब दाहिने मुड़ कर चलें
लेकिन मैं उल्टा घूम जाता हूँ

मैंने अपनी वफ़ादारी नहीं चुनी है
अनाज के गोदामों के लिए
चर्बी से लिथड़े ऐय्याश देहों के लिए तो बिल्कुल नहीं
कविता की उस भाषा के लिए भी नहीं
जो किसी भूखे की क़ब्र पर राष्ट्रगान के लिए खड़ी हो।

11/01/2020

लाल कार्ड

पगडण्डियों पर चलते हुए
आँखों में उगता है लाल कार्ड
ग़रीबी और भूख का पहचान–पत्र
हमारे झोले से झाँकता है

बिना पहचान–पत्र के
कोई काम नहीं होता है
भूख को भी
चाहिए होता है एक कार्ड

एटीएम कार्ड
क्रेडिट कार्ड
डेबिट कार्ड
उनकी शोभा है
जो भूख को
विज्ञापन से पहचानते हैं

हमारा तो है लाल कार्ड
पगडण्डियों पर चलते हुए
सपनों में लहराता है
किसी झण्डे की तरह

किसी आवाज़ की तरह
अपना दम ठोंकता है
महाजन बहुत बिगड़ता है इससे।

16/03/2020

मज़दूरों की मौत का सदमा लाल क़िले को नहीं होता

मज़दूरों की मौत का सदमा लालक़िले को नहीं होता
न ही संसद की दीवारों पर सूराख़ होता है
धर्म के सफ़ेद पन्ने भी नम नहीं होते
ईश्वर की ऐय्याशी फिर भी कम नहीं होती

मुआवज़े की गर्दन पर चढ़कर
लोहे की गाड़ी चलती है
और मज़दूर रेल की पटरियों पर कट कर मर जाते हैं
भूख विज्ञापनों से टकराती है
और अश्लीलता न्यूज़ चैनलों पर नाचती है

जब कारख़ानों में दो सौ छह हड्डियाँ मिलकर
ख़ुशहाली का नक़्शा बनाती हैं तब
कुछ लोग पानी को
चिड़ियों से छीन कर
अपनी जेब में क़ैद कर देते हैं
अनाज गोदामों में छुपा लिया जाता है और
सिर के लिए बने छप्परों पर
मुनाफ़े का मुकुट कस दिया जाता है

मुनाफ़े का एक कण संविधान पर
उल्का की तरह गिरता है और
गाँव के गाँव, बस्ती के बस्ती
बेगारी के गड्ढे में धकेल दिये जाते हैं
पसीने के नमक पर
सरकारें सेंध लगाना शुरू कर देती हैं और
आसमान तक हिंसा की चिमनी से
ग़रीबी का धुआँ पहुँचता है

भूख के मानचित्र पर
जब किसी मज़दूर की गर्दन कटती है तो
ऐय्याश देह अख़बारों से अपना चेहरा ढँक लेते हैं
या सैनिकों को सड़क पर परेड के लिए उतार देते हैं

मज़दूरों की मौत का सदमा लालक़िले को नहीं होता है
केवल कुछ दिनों के लिए
सरकारी शव–दाह गृहों से धुआँ उठता रहता है।

अगस्त 2020

शुक्रिया अदा करता हूँ

शुक्रिया अदा करता हूँ कि
मैं मिट्टी का नागरिक बना
मैंने एक साथ आसमान और पानी को देखा

एक नागरिक होने के नाते मैं आज्ञाकारी बना रहा
मैंने मिट्टी के हर प्रावधानों को खुल कर जिया
मेरे लिए हवा थी और मैंने अपनी साँसों से
कभी धोखा नहीं किया
पेड़ थे जेठ और बारिश के दिनों के लिए
उनकी हरियाली से
मैंने अपनी भाषा का व्याकरण गढ़ने की कोशिश की

यह ज़रूरी था कि मिट्टी की हर चीज़ को
अपना माना जाये और
यह बात मैंने हर किसी के लिए कही
मैंने उनके लिए ख़ुद को जगाये रखा
मैंने हर सम्भव कोशिश की
कि जंगल के हत्यारों के ख़िलाफ़ गवाही दूँ
मुझे इसकी धरती में मदाईत[1] की खेती करनी थी
उसके लिए मैंने कविता से हल चलाये

शुक्रिया अदा करता हूँ उस रस्म के लिए
जिसमें हर कोई आमन्त्रित था इस ग्रह पर
मैंने फूलों में ही काँटे देखे
और मगरमच्छों को देखा पानी के रास्ते में ही

मुझे शुक्रिया कहना है यहाँ की उस आख़िरी प्रार्थना के लिए
जिसमें हर किसी को मिट्टी ही हो जाना है
मैं यहाँ से किसी का कुछ भी नहीं ले जा रहा हूँ
इसकी रीति ही ऐसी है कि यहाँ के आविष्कार
सिर्फ़ जीवित लोगों के लिए होते हैं

मैं शुक्रिया अदा करता हूँ
उस हर चीज़ के लिए
जिसने मेरे अन्दर की मिट्टी को बंजर होने से बचाये रखा।

जुलाई 2020

---

1. मदाईत=आदिवासी समाज की सामूहिक काम करने की प्रथा।

हमारी सदी के लिए न्याय का मुहावरा

जब बच्चे शरणार्थी शिविरों में
अपने खेलने के लिए
मैदान खोजेंगे
तब उनके भविष्य के लिए
चिन्ता करना कायरता होगी

जब स्त्रियाँ प्रसव से तड़प रही होंगी
तब गलियों में गश्त करते
सैनिकों से
रहम का आदेश नहीं मिल सकता

बूढ़ों की साँस की तकलीफ़ों के लिए
किसी दवाख़ाना तक
तब तक नहीं पहुँचा जा सकता
जब तक दरवाज़े पर
कोई हॉकर नयी ख़बर लेकर नहीं आ जाता

यहाँ तक कि चूल्हों के लिए
नमक का समुद्र भी सूख जायेगा आँखों से

इससे पहले कि नफ़रत

विचार की तरह हमारी अँगुलियों में धँस जाये
हम अपनी हथेलियों में बहती नदी का
उद्गम खोज लें
हमें दिखाई देगा उसमें तैरती मछलियों का जादू
कि पानी का ऑक्सीजन
उनके ही पसीनों की गन्ध है

क्रूरता की छलाँग
शासन की चाह के बिना सम्भव नहीं है
इससे पहले कि
कोई धन के भूखण्ड से कूच करे
या कोई धर्म के क़िले से ध्वज लेकर कूदे
हम उन सलीबों को लेकर खड़े हो जायें
जिनमें सवाल ठोंके गये हैं

हर एक आदमी एक सलीब लेकर उठे
और इस तरह हम अनगिनत स्वरों से
गढ़ सकते हैं संगीनों और
अनहोनी दस्तकों के ख़िलाफ़
हाथ बढ़ाने की भाषा

हमारी सदी के लिए भी
यही होगा न्याय का मुहावरा।

18/03/2020

ख़ुश होती लड़कियाँ

ख़ुश होती लड़कियाँ दिख जाती हैं
गोलगप्पे के ठेले पर
चाट–पकौड़े के मेले पर

ख़ुश होती लड़कियों को देखना
दुनिया को सुन्दर होते हुए देखना है
लगता है किसी चित्रकार ने
अपने पसीनों से रँगा हो उनका रंग
ज़िन्दगी के कैनवास पर
अपने पुरुष होने को उतार कर

ख़ुश होती हैं लड़कियाँ
जब कोई पुरूष उनसे मिलता है
अपनी चमड़ी उतार कर
और अपनी छुअन से
बहुत सारी बातें कर जाता है
गोलगप्पों वाले स्वाद की

कितनी सामान्य–सी बात है
किसी लड़की का गोलगप्पे खाना
जैसे कि उसका ख़ुश होना

लेकिन कितनी मुश्किल हो जाती हैं ये बातें
पुरुष की चमड़ी के होने से

छोटे–छोटे क़स्बों में
आधे–अधूरे शहरों में
ख़ुश होती लड़कियों का
सपना नहीं होता है गोलगप्पा
वे बताती हैं
साँसों के लिए हवा खोजना
पंखों के लिए आसमान बुनना

ख़ुश होती लड़कियाँ सिखाती हैं
ख़ुश होने की छोटी–छोटी वजहें।

6/02/2020

प्रेम की नागरिकता

जब मैं तुम्हें याद कर रहा हूँ
तब मेरे सामने एक मालगाड़ी खड़ी है
पहाड़ को अपने पेट में पचाती हुई
पिता ने कहा
ये सब हमारी मिट्टी को उजाड़ कर ले रहे हैं
मैंने कहा जम्मूतवी एक्सप्रेस अब आने वाली है

एक छोटा–सा स्टेशन है बानो
यहाँ से होकर भी जाती है एक रेल
जम्मू तक दिल्ली होती हुई
जम्मू का रास्ता दिल्ली होकर ही क्यों जाता है आख़िर?
मैंने सवाल किया और यात्रियों के साथ हो लिया

इतना–सा विवरण है तुम्हें याद करते हुए
बाक़ी तो यात्रा है
प्रेम में चलते हुए तस्वीरों से ज़्यादा लोग दिखाई देते हैं
मैं चाहता हूँ उन्हें तुम्हारे बारे में बताऊँ
लेकिन थोड़ा घबरा जाता हूँ
कहीं लोग हमारे प्रेम के बजाय
हमारी नागरिकता न पूछ बैठें?
नागरिकता क़ानून के बारे में सवाल न कर डालें?

सवाल को मैं नकारता नहीं
बात करना मेरा निजी मामला हो सकता है
लेकिन नागरिकता क़ानून पर बहस
सरकारी भी हो सकती है और ग़ैर–सरकारी भी
मैं स्वायत्त तरीक़े से अपना विचार रखते हुए
कह सकता हूँ कि
दुनिया को जितने नक़्शों में बाँटा गया है
क्या वह कम है जो
हम फिर से मनुष्य होने को खाँचों में बाँट दें?
मैं उनसे बहस कर सकता हूँ कि
उन्होंने स्त्रियों को कौन–सी नागरिकता दी है?
छात्रों को देने के लिए उनके पास
क़िताबें ज़्यादा हैं या लाठियाँ?

मैं समझता हूँ सरकारी होने की भाषा
वे मुझसे तुम्हारे बारे में नहीं पूछेंगे
प्रेम उनकी प्राथमिकता में नहीं है
वे उस मालगाड़ी के
धरतीखोर होने के बारे में कोई राय नहीं रखते
पिताजी की बातें तो उन्हें नक्सलियों का मुहावरा लगेंगी
वे ज़्यादा से ज़्यादा
हिन्दू या मुसलमान हो जाने की ही बात कर सकते हैं

मैं इस रेल से जम्मू तक तो नहीं जा रहा
कभी जाना हुआ तो
दिल्ली के बनाये रास्ते पर तो नहीं जाऊँगा

जिन रास्तों पर नागरिकता की जाँच हो
उस रास्ते तो मैं कभी नहीं जा सकता
एक याद है तुम्हारी
जो मुझे ऐसे रास्ते पर ले जा रही है।

01/01/2020

विश्व विरासतों के लिए दो मिनट का मौन

मैं मिस्र की पिरामिड से होकर आया हूँ
चीन की दीवार पर
मैं घोड़े दौड़ा कर आया हूँ
मैंने एफिल टावर की ऊँचाई मापी है और
प्रेमिकाओं को उपहार देने के लिए
मैंने कई बार ताजमहल की बात सुनी है

ऐसी ही न जाने कितनी ही इमारतें हैं
जिनकी कलाओं पर रीझ कर मैंने
मनुष्य के इतिहास को गौरव के साथ पढ़ा
मैंने कहीं नहीं पाया
पत्थर पर ख़ुदा हुआ उन लोगों का नाम
जिनकी औरतों ने
अपने गर्भ में लोहे के गर्म हथौड़ों को
उम्र भर भूखे पेट सहलाया

कल जब मैंने दिल्ली से गाँव की ओर
पैदल लौटते मज़दूरों को देखा
तो मुझे फिर से यूनेस्को द्वारा घोषित
विश्व विरासतों की याद आयी
मैंने फिर से उन औरतों को याद किया
जिन्होंने अपने गर्भ से
सभ्यता के ऊँचे प्रतीकों को साँस दी

आज उन्हीं इमारतों के दम्भ को देख रहा हूँ
वे हिल नहीं रही हैं अपनी जगह से
उन्हें कभी शिकायत नहीं होती
भूखे पेट सोने की और
उनके बच्चों को कभी अपना बचपन बेचना नहीं पड़ता
जबकि मज़दूरों की टोली जड़ से उखड़ गयी है

जिन्हें लोग मज़दूर कहते हैं वे
सभ्यता के पीकदान पर ठगे हुए भूखे होते हैं
उनकी गरिमा छिलकों की तरह उतार कर
अकादमी के आवरण पर छाप दिया जाता है
महान रोमन साम्राज्य की दीवारों पर लगे धब्बे
उनके ख़ून के छींटे हैं और
वैदिक सभ्यता में हवन कुण्ड से बाहर वे शूद्र हैं

वे चल रहे हैं सड़कों पर और
सड़कें डर रही हैं अपनी मंज़िल से
वे सदन से जंगलों की तरफ़
मुड़ सकते हैं
वहाँ हरे रंग के जुगनू होते हैं
जिनकी देह में उधार की रोशनी नहीं होती

मैं विश्व विरासतों के लिए दो मिनट का मौन चाहता हूँ
उनकी मरी हुई नींव से
मैंने फिर से मज़दूरों को दूर होते हुए देखा है।

29/04/2020

वरवर राव के लिए

कवि तुमने एयरलिफ्ट नहीं किया
न ही पैराशूट से उड़ान भरी
तुम पैदल चलते रहे ज़ख़्म की मंज़िल के लिए

तुमने पसन्द नहीं किया कला से चकाचौंध
शब्दों के सागर में गोते लगाना
तुम एक–एक लौ चाहते रहे जीवन की लय में झूमती हुई
तुमने उन तमग़ों पर शक किया
जो कविता के नाम पर दिये जाते हैं

सहृदयों ने कहा कि भला किसी कवि को यह जँचता है
कि वह दरबार से दूर रहे?
और अनुचरों ने कहा कि
भला किसी राजा को कैसे पसन्द होगा कि
कोई उसकी प्रशस्ति का गान न लिखे?

तुमने भाषा की कुलीनता को ताक पर रखा
व्याकरण के नियम को झूठ बताया
कविता को बताया लोहे की बेड़ियाँ तोड़ने वाला
और सिद्धान्तकारों को नाराज़ किया
जो नक़्क़ाशीदार कविता से अपने आक़ाओं की उम्र बढ़ाते हैं

तुमने चुनी कविता और उन्होंने चुनी सुन्दरता
वे बैठे संसद में और तुमने जंगलों की खाक छानी
यह कैसे हो सकता था कि
वे तुम्हें कला अकादमी का प्रतिनिधि नियुक्त करते?

उन्होंने तुम्हें धकेल दिया है सलाखों में
तुम्हें राजद्रोह की उपाधि से नवाज़ दिया है
यह उनका डर है कि
तुम्हारे शब्द उनके गिरेबान खींचते हैं।

10/10/2020

हम गिनेंगे भूख के दाँत

अब नहीं दिखेंगे भूख के नवजात बच्चे
कहा जायेगा कि यह बीती सदी की बात थी
और एक सड़क बिछा दी जायेगी
खाने की थाली पर
उसमें सरपट दौड़ेंगी बेशक़ीमती गाड़ियाँ

रोज़ यह बढ़ता ही जायेगा
धूल उड़ती ही जायेगी
परत दोहरा होता जायेगा चेहरे पर
और आँखों में मोतियाबिन्द हो जायेगा

भूखे कोलतार के नीचे दबा दिये जायेंगे
या एशियन पेंट्स जैसे किसी
ब्रांड के रंगों की ओट में रख दिये जायेंगे
भूखा आदमी कहीं नहीं होगा
किसी स्मार्ट सिटी के मुहावरे में

लोग हँसेंगे अपने पेट की
गैस पर चर्चा करते हुए
अश्लीलता उनकी भाषा में नहीं
उनकी नीतियों में होगी

वे अपने आसपास
झुग्गियों को
देखना पसन्द नहीं करेंगे

ठीक ऐसे ही समय में
हिंसक होंगे भले आदमी
बेघर होंगे घास के बीज
और ज़मींदोज़ होगी
पसीने की कलाकृति

तब हम गिनेंगे भूख के दाँत
और अनाज की बोरियों के लिए
उग रही होगी प्रतिहिंसा।

18/03/2020

अल्पसंख्यक

उनकी संख्या कम होती जायेगी
वे आस्था और भक्ति के जबड़े पर तिनकों की तरह होंगे
तर्क की क़ब्र पर उन्हें चबाया जायेगा
जब इन्द्रधनुषी छवियाँ गढ़ी जा रही होंगी
उन्हें धकेला जायेगा अन्धे कुओं में
अपनी भाषा में बोलना उनके लिए अपराध होगा
क्रूरता और हिंसा के सामने वे अल्पसंख्यक होंगे

धर्म का होना अल्पसंख्यक होना हो सकता है
जाति का होना अल्पसंख्यक होना हो सकता है
नस्ल या रंग का होना अल्पसंख्यक होना हो सकता है
लेकिन यह सब ग़ैर–ज़रूरी हो जायेगा
अल्पसंख्यक होना आदिवासी होना नहीं होगा
अल्पसंख्यक होना मुसलमान होना नहीं होगा
अल्पसंख्यक होना हिन्दू होना नहीं होगा
जो सच को सच की तरह बोलेंगे, वे अल्पसंख्यक होंगे
जो सवाल करने वाले होंगे वे अल्पसंख्यक होंगे

न्यायालयों तक उनकी आवाज़ नहीं पहुँचेगी
प्रायोजित भीड़ उन्हें
भेड़ियों की तरह चौराहों पर नोचेगी

वे बूटों से रौंदे जायेंगे
सगे सम्बन्धी चुप रहने की सलाह देंगे
अल्पसंख्यक होना बे–फ़ायदे की बात होगी
अल्पसंख्यक होना साहस की बात होगी।

24/09/2019

पत्थलगड़ी

हिन्दी में लोगों ने एक मुहावरा बनाया—'पत्थर फेंकना'
हिन्दी के एक कवि ने लिखा 'पत्थर फेंक रहा हूँ'
लोगों ने एक फिलिस्तीनी बच्चे को
टैंक के सामने खड़े होकर पत्थर फेंकते हुए देखा
यानी आप अपनी असहमति जता सकते हैं
या, दमन तेज़ हो तो प्रतिरोध स्वाभाविक है

लेकिन हिन्दी आदिवासियों की मातृभाषा नहीं है
और न ही वे पत्थरबाज़ हैं
उन्होंने तो सिर्फ़ इतना ही कहा कि
पत्थर उनकी पहचान का प्रतीक है
यह उन्हें उनके पूर्वजों से विरासत में मिला है
उनके लिए पत्थर ही पट्टा है
जो न धूप में पिघलता है और न बरसात में गलता है
वे पत्थर गाड़ेंगे और अपने होने का दावा करते रहेंगे
वे कहते हैं कि पत्थरों पर निषेध लगा कर ही
सरकारें उनकी ज़मीन पर सेंध लगाती हैं

आदिवासियों का यह कथन हिंसक माना गया
सरकार ने कहा यह बग़ावत है
और जेल में डाले जाने लगे आदिवासी

कितनी अजीब बात है कि
हिन्दी आदिवासियों की मातृभाषा नहीं है
न ही वे पत्थर फेंकने का मुहावरा जानते हैं
वे तो सिर्फ़ पत्थर गाड़ना जानते हैं
फिर भी वे पत्थर फेंकने के दोषी माने गये

भाषा का यह फेर पुराना है
सरकार आदिवासियों की भाषा नहीं समझती है
वह उन पर अपनी भाषा थोपती है
आदिवासी पत्थलगड़ी करते हैं
और सरकार को लगता है कि वे बग़ावत कर रहे हैं।

28/07/2018

मेरे नास्तिक होने का ब्यौरा

इसे हमारे समय में ही होना था
धर्म अपने निराकार रूप को छोड़ रहा था
जो निराकार थे वे दाढ़ियों, टीकों और
ज़ुबानों से अपना आकार गढ़ रहे थे
ईश्वर ने सबको अपनी–अपनी मर्ज़ी पर छोड़ दिया था
विज्ञान ने विनाश के सबसे घातक हथियार बना लिये थे
एक धर्म के लोग दूसरे धर्मों पर
उन्हीं हथियारों से हमले कर रहे थे

यह प्रेमचन्द का समय नहीं था
नहीं तो हामिद मेले से
चिमटा की जगह रायफल क्यों ख़रीद लाता
शंकर किसान के यहाँ पण्डित तलवार लेकर क्यों पहुँचता
यह पहले से और निर्दयी होता समय था
ग़रीबों को धर्म ने बाँट लिया था और
ग़रीबी धर्मशास्त्र में कहीं उद्धृत नहीं थी
जानवर ईश्वर तक पहुँचने के
सबसे आसान प्रतीक बन गये थे

यह समय था विज्ञान से धर्म को व्याख्यायित करने का
फिर से पृथ्वी को सूरज से परिक्रमा कराने का

वैज्ञानिकों से पुष्पक विमान को प्रमाणित करने को
कहा जा रहा था
विश्वविद्यालयों को कहा गया था
धर्म रक्षकों की सेना तैयार करने के लिए
कहीं कोई रंग उभरता था और
धर्म रक्षक क़ब्ज़ा करने के लिए एक–दूसरे पर टूट पड़ते थे
कलाकारों के कैनवास को बदरंग कह दिया गया था

यह बच्चों के तुतलाने का सबसे भयावह समय था
उन्हें रंगों से खेलने की पाबन्दी थी
वे अपने मन की भाषा नहीं बोल सकते थे
उनका रंग और ईश्वर पहले से तय कर दिया गया था

यह मेरे नास्तिक होने का ब्यौरा था
मुझे न श्लोक चाहिए थे,
न मन्त्र, न आयतें
मुझे कविता की ओर बढ़ना था और कविता ने कहा–
'आओ, फिर से चलें उल्टी धारा में।'

29/07/2018
(मार्क्स की 200वीं और राहुल की 125वीं जयन्ती पर पटना में आयोजित प्रलेस के कार्यक्रम से लौटने के बाद)

सन् 42 के छात्रों की याद में

(Stand with JNU)

तब वे मारे गये थे सचिवालय के सामने
तिरंगा थामे आज़ादी के लिए
उस आज़ादी में
उनके छात्र होने की माँग भी शामिल थी

छात्र होने के लिए ज़रूरी है
किताबों के साथ किसानों की चिन्ता करना
कारीगरों के हथकरघों की बात भला
और कौन करेगा?
जब पढ़ाई मिट्टी से सने
मज़दूरों के पसीने की गन्ध न पहचाने
तो भला देश कैसे आज़ाद होगा?
उन्होंने थामा था दामन आज़ादी का
और तिलमिला उठा था शासन

शासन अक्सर तिलमिला उठता है
सवाल करने वालों से
ज्ञान की बुनियाद तो होती ही है सवालों पर
छात्रों ने सवाल का दामन थाम लिया था
उन्होंने कहा वे देश की जनता से अलग नहीं

आज मुझे फिर से
सन् 42 के छात्रों की याद आ रही है
मैं सोच रहा हूँ कि उनकी कुर्बानी का विचार
विश्वविद्यालयों में कहाँ तक बचा है?
छात्र होने का अर्थ कितना बचा है और
कहाँ तक शासन छात्रों की माँग को सुन रहा है?

सन् 42 की बात मुझे इस लिए भी याद आ रही है कि
छात्रों और शासन का रिश्ता अब भी ठीक नहीं हुआ है
अब भी शासन छात्रों से उनके होने की बात नहीं सुनता
अब भी शासन छात्रों की आज़ादी की बात नहीं मानता

कल जब एक विश्वविद्यालय के छात्रों ने
फिर से आज़ादी की बात कही
तो शासन ने घबराकर कहा
आज़ाद देश में कैसी आज़ादी?
छात्र सड़क पर उतरे
उन्होंने कहा सस्ती शिक्षा का अधिकार
इसी बात पर पुलिस ने उन पर लाठियाँ बरसाईं
मीडिया वालों ने उन्हें अपराधी कहा

जिन छात्रों ने आज़ादी की माँग की
जिन छात्रों ने सबको शिक्षा की बात कही
जिन छात्रों की हड्डियाँ टूटीं
जिन छात्रों को अपराधी कहा गया
उन्होंने पूरा किया छात्र होने का अर्थ
सन् 42 में भी ऐसा ही हुआ था

छात्र होने की बुनियाद में है सवाल करना
अब छात्र होने के अर्थ में
बड़ी संख्या में शामिल हैं छात्राएँ
जो ज्ञान चाहेंगे वे सवाल करेंगे
जो शासन करेंगे वे घबरायेंगे
सवाल से डरने वाले शासकों के नाम
इतिहास में दर्ज़ हैं तानाशाहों की तरह।

20/11/2019

इन्द्रावती

यह कहना आज गुनाह होगा कि
इन्द्रावती में तैर रही लाशों का अपना पक्ष है
चूँकि यह समय ही ऐसा है कि
आप नदी में डूबते रहें
और आपके जीवित होने का भ्रम भी बना रहे

नदी में हर कोई तैर नहीं सकता
तैरने के लिए कला नहीं साहस चाहिए
इन्द्रावती में तो तैरना इतना आसान नहीं है
यह जंगल पहाड़ों की नदी है
ऐसी नदियों का रास्ता
आदिवासियों के घरों तक जाता है

कवि केदारनाथ सिंह कह गये कि
नदियाँ शहरों का आरम्भ होती हैं
और शहर नदियों का अन्त
तो क्या पानी में तैरती लाशें
नदियों के पक्ष में शहर के ख़िलाफ़ थीं?
क्या उनका यही पक्ष है?
या, इसका कोई दूसरा अर्थ भी है
जिसे अन्तरराष्ट्रीय व्यापारिक संगठन तय करते हैं?

यह बहुत कठिन समय है कहने के लिए कि
नदियों को बचाना है तो शहादत के रास्ते चलना होगा
जो चलेंगे वे मारे जायेंगे अपने ही वंशसूत्रों के द्वारा
और उनकी लाश भी एक दिन नदियों में तैर रही होगी

इन्द्रावती में तैर रही लाशें उसका शोक नहीं हैं
वे अपराधी नहीं थे कि उसके लिए वह शर्मिन्दा हो
यह इतिहास की अधूरी व्याख्या है कि
जो विपक्ष में गये वे देशद्रोही कहलाये
आन्तरिक सुरक्षा का मतलब यह तो नहीं कि
इतिहास की ग़लत व्याख्या बढ़ती जाये
और दफ़न कर दिया जाये ज़िन्दा सबूतों को
इन्द्रावती से ख़तरा है उन लोगों को
जो राष्ट्रीय अपराध में शामिल हैं
जिन्होंने पानी की आज़ादी
सेंसेक्स के साँड़ के आगे गिरवी रख दी है
(वही तो है हत्याओं और फ़र्ज़ी मुठभेड़ों का सरगना
अक्सर वह लाल रंग देख कर भड़क उठता है)

और कितनी लाशें तैर सकती हैं इन्द्रावती में?
और कितनी पीढ़ियाँ शामिल होंगी राष्ट्रीय अपराध में?
इन्द्रावती के लोगों के सवाल पुराने हैं
उनकी उम्र शेयर मार्केट से ज़्यादा है
नदियों के नाम पर
वे कहीं भी फिर से पैदा हो सकते हैं।

28/04/18-03/08/18

कथावाचक

मैं हँसते हुए
तुम्हारे साथ ट्रेन में सफ़र करूँगा
और चाहूँगा कि
इस बार भी ट्रेन लेट हो
हर बार की तरह
बारह घण्टे या, फिर पूरे चौबीस घण्टे

हर घण्टे मैं तुमसे कहूँगा–
एक क़िस्सा और एक गीत

हाँ, मेरी स्मृतियों में हैं
अनकहे इतिहास की अनुगूँजें
नदी की उल्टी धारा है
जो उन कथाओं की ओर बहती है
जिनके रचयिताओं ने
कभी अपने रचना अधिकार का दावा नहीं किया

मैं तुम्हें राँची के बारे में बताऊँगा
और कहूँगा कि
आज वह राँची नहीं रहा
जो कभी रेंची पक्षियों की पहाड़ी हुआ करता था

पटना के बारे में कहूँगा
कि वह मगध की राजधानी नहीं थी
वह तो कीकटों का देश था
जहाँ कभी पाबन्दी नहीं थी लड़कियों के नाचने पर

मैं तुम्हें बताऊँगा
उस ढोल के बारे में
जो सबसे ज़्यादा बजता है आजकल
जिसकी आवाज़ केवल दूर से सुहानी लगती है
लेकिन तुम समझ मत लेना
कि मैं दिल्ली के बारे में कह रहा हूँ
(नहीं तो हो सकता है कि
तुम अगली बार चुनाव का बहिष्कार कर डालो)

मैं तुम्हें राजधानियों के क़िस्से नहीं सुनाऊँगा
और न ही उनका इतिहास बताना चाहता हूँ
मैं कहूँगा तुमसे अपने बारे में
हावड़ा मेल या जनता एक्सप्रेस के जनरल डिब्बों के बारे में
मैं तुम्हें बताना चाहता हूँ अपनी जड़ों के बारे में

सुनो ऐ डकुरा!
मज़दूर होने से ज़्यादा
मज़दूरी पाने की यात्रा थकाती है
तुम सुनो मेरे क़िस्सों को
असम चाय बगान की यात्रा बहुत थकाती है
तुम सोना मत, तुम चूकना मत
तुम भूलना मत
हमारी यात्रा मज़दूर होने की यात्रा नहीं है
हमारी जड़ें उखड़ जाने की जड़ें नहीं हैं

यह कथा की साज़िश है जिसमें हमें रचा गया है
हम धोखे से मार डाले जानेवाले किरदार नहीं हैं
हमारा कथावाचक वह नहीं हो सकता
जो हमारी यात्रा के बारे में कुछ न जानता हो।

15/10/17-04/10/18

गोह की कविता

1.
इसका नाम तोरोःद भी है
शायद तुम इस नाम को नहीं जानते
मुण्डा ऐसे ही कहते हैं
गोह को अपनी भाषा में

ऐसी ही कई भाषाएँ हैं
जिसमें गोह को कहा जाता है
इस तरह तुम कह सकते हो
गोह एक नहीं है
कई गोह हैं तुम्हारे ही आसपास
लेकिन तुम कहते हो
गोह विलुप्त हो रहे हैं

मुझे तुमसे इतना ही कहना है कि
भाषाएँ यूँ ही नहीं मरतीं
एक गोह मरता है
और एक भाषा मर जाती है।

2.

पुराने समय में जिनके राजा थे
उनकी प्रजा कहती है गोह की कथा
वे कहते हैं गोह दीवार से चिपक जाता है
और उसकी पूँछ पकड़ कर
उसके सैनिक क़िला भेद लेते थे

पुराने समय की बात
आज भी सच है
गोह अब भी अपनी ताकत में पहले जैसे ही हैं
उसी की पूँछ पकड़ कर
होता है हमेशा तख़्तापलट

सवाल यह है कि तुम क़िला भेदना चाहते हो या नहीं
क़िले तो अब भी हैं और गोह भी।

3.

एक गाँव का नाम है गोह
यह बिहार में है
अस्सी के दशक में जाओ उस गाँव में
या नब्बे के दशक में
या आज़ादी के बाद किसी भी तारीख़ में
तुम्हें दिखाई देंगी उजड़ी हुई झोंपड़ियाँ
बिखरे हुए खेत
सड़कों पर चलते हुए मज़दूर
जूतों में कील ठोंकते मोची
या ऐसे ही कई कारीगरों को देख सकते हो

स्त्रियों के सिर से सरक रहे आँचल को देख कर
तुम कह सकते हो
गोह महज़ एक गाँव का नाम नहीं
यह एक समाज है
जिसका टोटेम गोह है
और गोह सदियों से उनकी स्मृतियों में हैं
यानी कि वे अपना इतिहास जानते हैं
अपने पूर्वजों को पहचानते हैं
और ये कभी भी अपनी ऊँची आवाज़ में
कह सकते हैं इंक़लाब का नारा।

4.

तुम बहुत रूमानियत महसूस करते होगे
एक गोह को देखकर
गूगल तुम्हें बहुत सहजता के साथ
दिखा देता है गोह की तस्वीर

लेकिन क्या तुमने सचमुच गोह देखा है?

शायद तुमने गोह नहीं देखा है
वह रेंगता हुआ निकलता है अपनी बाँबी से
बहुत आरामतलब है वह
अपने खाने भर का जुटाता है
उसके यहाँ फ़्रिज नहीं होता है
न ही उसे अपने चलने को लेकर फ़िक्र होती है
और इसलिए उसे कभी मेट्रो की ज़रूरत ही नहीं पड़ी
सोचो कितना हँसता होगा वह मेट्रो को देख कर
ज़रूर वह सोचता होगा कि
इन्सान रेंगने से ज़्यादा आगे बढ़ ही नहीं सके

और बढ़े भी तो लौटे गुफ़ा की ही तरफ़
तुमने सचमुच गोह नहीं देखा
वह तो तुम पर हँसता है।

5.

तुम कहते हो
गोह तो गिरगिट प्रजाति के जीव हैं
जीव विज्ञानियों से पूछो
तो वे तुमको यही जवाब देंगे

लेकिन तुम शायद नहीं जानते
कि गोह रंग नहीं बदलते गिरगिटों की तरह
तुम नाहक गोह को बदनाम करते हो
यह तुम्हारी ग़लती नहीं है
और न ही जीव विज्ञानियों की
यह तुम्हारे अभ्यास का हिस्सा बन गया है
चुनाव के दिनों में वोट डालते–डालते।

02/01/2017

चाँद चौरा का मोची

चाँद चौरा का मोची
चाँद की टहनी पर अटका है
वह कभी भी गिर सकता है अनन्त अमावस्या की रात में

कितनी अजीब बात है कि चाँदनी रात के लिए भी
उसके पास वही औज़ार होते हैं
जिससे वह दिन में लोगों के जूते चमकाता है
सचमुच वह सनकी कलाकार है वह कला की बातें नहीं जानता
वह चमड़े से घिरा रहता है और भूख के पैबन्दों को सीता है

मैं जब भी चाँद चौरा की तरफ़ निकलता हूँ
मेरे सामने महाबोधि होता है और पीठ पीछे बिष्णुपद मन्दिर
इन्हीं के बीच में वह मुझे हमेशा मिलता है
मुझसे मेरे जूते माँगते हुए
उसकी आँखें कमज़ोर हो गयी हैं, हाथ काँपते हैं
फिर भी वह अपने हुनर की ज़िद पकड़ कर रखता है

कभी–कभी वह अपनी जाति की बात ईमान से कह जाता है
कहता है चाँद चकोर की बातें हमसे न कहना बाबू
बहुत बदरंग हैं ये, कितने क़िस्से सुनोगे इनके
क्या तुम नहीं जानते शम्बूक के सिर के ऊपर
आसमान के चाँद को

क्या तुम बेलछी, लक्ष्मणपुर–बाथे नहीं जानते
बहुत भोले मत बनना बाबू
हमको चाँद चौरा में चाँदनी नहीं जूते मिलते हैं

सचमुच सनकी मोची है वह कला नहीं जानता
बात–बात में उसने मेरी जात जान ली है
तिरछे मुस्काकर कहता है तुम तो मेरी बिरादरी के निकले
तुम चाँद की खाल निकालते हो कविता से
और मैं भी एक दिन चाँद के चमड़े का जूता बनाऊँगा।

12/04/2018

चूल्हों की दुनिया

हम चूल्हों की दुनिया से आये थे
जहाँ चूल्हों के लिए आग थी
आग के लिए लकड़ी थी
लकड़ी के लिए पेड़ थे
पेड़ों के लिए जंगल था
जंगलों के लिए पंछी थे
और पंछियों के लिए माँदल थे
पूरा परिवार था
चूल्हों की दुनिया में

चूल्हों का बँट जाना
परिवार का बँट जाना था
लोगों का नहीं
चूल्हों की महक
पड़ोसियों के घर
आ–जा सकती थी
लोग सहज ही जानते थे
चूल्हों की बात
और इसके लिए
मन्दिर–मस्जिद या, कहीं भी
चोंगा से बात फैलाने पर

बात नहीं बिगड़ती थी
चूल्हों की बात पर
लोगों के मुँह में
पानी भर जाता था
या लोग नाक सिकोड़ते थे
लेकिन इससे कभी
किसी के देवता नाराज़ नहीं हुए

चूल्हों की बात पर ही
लोग सड़कों पर उतरते थे
जुलूस की शक्ल में
गोलियाँ चलती थीं
कारख़ानों से चिमनियों की जगह
मज़दूर आसमान भेदते थे
लोकगीतों से किसान धार देते थे
अपने गुस्से को
और जिनके चूल्हों को
अछूत कहा गया
उनके चूल्हों में ही
सबसे ज़्यादा सपने खौलते रहे हैं
चूल्हों की दुनिया में सबके लिए
एक समान बात थी–स्वाद और ताप की

किसी बीते में नहीं है यह दुनिया
किसी दूसरे के हाथ में नहीं है इसकी चाभी
यह हमारे ही अन्दर है
जो केवल तनी हुई बन्द मुट्ठियों से खुलती है।

2016

पानी में घुसी औरतें

(जल सत्याग्रहियों के लिए)

पानी में घुसी औरतें
अपनी आवाज़ को
पहुँचा देना चाहती हैं मरुभूमि तक
उनकी देह में गर्दन तक जमा है पानी
जो कभी भी उनके सिर से गुज़रकर
गाँव के चूल्हों में घुस सकता है
इससे पहले कि
तवा में रोटी तड़पकर रह जाये
औरतें स्वयं पानी में कूदकर घुस गयी हैं

पानी में घुसी औरतें नहीं हैं संसद में
नहीं हैं राष्ट्रपति और प्रधानमन्त्री कार्यालयों में
और न ही हैं उन कवयित्रियों की कविताओं में
जो फ़िलहाल केवल देह की मुक्ति तलाश रही हैं,
जैसे कि कवि आलोकधन्वा कहते हैं
लखनऊ में बहुत कम बच रहा है लखनऊ
इलाहाबाद में बहुत कम इलाहाबाद
ठीक उसी तरह
औरतों में भी हैं पानी में घुसी औरतें
जैसे कि राजनीति से दूर कविताओं में

कवि विनोद कुमार शुक्ल कहते हैं
पानी में घुसी औरतें पानी में घुसी औरतें हैं

पानी से बाहर
हँसुआ और हथौड़ा चलाने वाली हैं
पानी में घुसी औरतें
उन्हें देख कर सवाल उठता है कि
'औरतें पानी में न घुसतीं तो क्या होता
क्या होता पानी का अर्थ
क्या होता पानी का रंग?'
पानी में घुसी औरतें
पानी–पानी हो जाने के मुहावरे की जगह
पानी पिला देने के मुहावरे को ठीक से जानती हैं

इससे पहले कि कोई भिक्षुक कटोरी बढ़ा दे
कवि रहीम का दोहा गुनगुनाते हुए 'रहिमन पानी राखिए'
पानी में घुसी औरतें न्योता देती हैं
पानी में कूद जाने के लिए
वे जानती हैं मरुभूमि का जवाब सिर्फ़ पानी ही है।

2015

बहेलिए का खेल

कुछ तोतों ने ठान लिया था
सब फल हो जायें अमरूद

कुछ बगुलों ने ज़िद लड़ाई
सब मेंढक हो जायें मछली

कुछ बाजों ने दम ठोंका
सब मुर्गी हो जायें चूजे

सबको अपने स्वाद का मान था
सबको अपने धर्म का अभिमान था
कुछ ने ढोया बाइबिल
कुछ ने ढोया कुरान
कुछ ने गीता तो कुछ ने ढोया पपीता
बहेलिया आया और उसने सबको बहुत लूटा

खाने को जो लड़ रहे थे सपना हुआ चूर
बहेलिए का खेल था यह
वह तोता लेकर भागा
बगुला लेकर दौड़ा
बाज लेकर फुर्र
फुर्र फुर्र फुर्र फुर्र फुर्र।

03/08/2018

मेरे गाँव में सीआरपीएफ कैम्प लग गया है

सन् सत्तर के दिनों में मेरे ताऊजी नक्सली हो गये
जैसे कि उन्हें होना था अपने समय में
उसके बाद के दिनों में मेरे चाचाजी पुलिस अधिकारी हो गये
जैसे कि उन्हें होना था अपने समय में
उसके बाद के दिनों में
मेरे गाँव में सीआरपीएफ का कैम्प लग गया
जैसे कि लगना था मेरे समय में

मुझे अपने ताऊजी के विचार से लगाव है
मुझे अपने चाचाजी सें कोई समस्या नहीं है
मुझे किसी विचार से कोई आपत्ति नहीं है
जब तक कि विचार सहोदर हैं
लेकिन मुझे आपत्ति है अपने गाँव में
सीआरपीएफ कैम्प के लगने से

मेरे ताऊजी तो नहीं रहे लेकिन उनके विचार रह गये
उसके साथ ही रह रहे हैं मेरे चाचाजी भी
मैं भी रह रहा हूँ और मेरा गाँव भी,
जैसे मेरे ताऊ को मेरे गाँव से प्यार था
वैसे ही मेरे चाचा को मेरे गाँव से प्यार है
हम सब अपने गाँव से प्यार करते हैं
लेकिन अब मेरे गाँव में सीआरपीएफ कैम्प लग गया है

गाँव में 'सीआरपीएफ कैम्प लग गया है'
यह सामान्य कथन नहीं है
यह हमारे गणतन्त्र का विशिष्ट कथन है
अक्सर यह समाधान–वाचक की तरह इस्तेमाल होता है
जब भी शासकों को डर लगता है
वे गणतन्त्र के ऊपर मँडरा रहे ख़तरों की बात करते हैं
और किसी भी गाँव में सीआरपीएफ कैम्प लगवा देते हैं

मेरे ताऊजी किसान थे
मेरे चाचाजी भी किसान के बेटे हैं और मैं भी
ऐसे ही कई किसानी कन्धों के जवान होंगे
सीआरपीएफ कैम्प में भी
और मुझे इसी बात पर गुस्सा आता है कि
जब गाँव से हमारी बेदखली होगी तो हम
किसान नहीं रह जायेंगे
और कैम्प के जवान भी आदेश का पालन करते हुए
किसान के बेटे नहीं रह जायेंगे

इस बात पर हम सबको गुस्सा आना चाहिए कि
किसानों को किसान रहने नहीं दिया जाता है
यह उनकी साज़िश है जो देश नहीं हुकुम चलाते हैं
यह सोचने की बात है कि क्या जीवित रहते हुए
मेरे ताऊ और मेरे चाचा आपस में दुश्मन हो सकते थे?

मेरे गाँव में सीआरपीएफ कैम्प लग गया है
यह मेरे समय की बात है
और मैं अपने समय को अब भी ताऊजी की तरह देखता हूँ।

02/11/2017

यह दान का समय नहीं

यह दान का समय नहीं है
कबूतरों से उनके पेड़ छीने जा चुके हैं
जड़ों में पानी नहीं कि वे सूख न सकें
बारिश अब मौसम की मार झेल रही है
और एक मज़दूरिन अपने स्त्री होने का गीत गा रही है

हाँ, अब यह दान का समय नहीं
दया निर्वासित है अपनी आत्मा से
धर्म हत्यारा है ईश्वर का
दयावान होना अब कोई मुहावरा नहीं
मसीहा होने के लिए भी हत्या ज़रूरी है

एक कबूतर के लिए एक पेड़ का दान ठीक नहीं
जड़ों को ज़मीन कौन दे सकता है दान में
बारिश को भला कौन दे सकता है बादल दान में
और वह मज़दूरिन जो गीत गा रही है
उसे तो अब तक ठीक से उसकी मज़दूरी भी नहीं मिली

माफ़ करें! सभी धर्म ग्रन्थ
अपने दान का उपदेश शीघ्र स्थगित करें
यह प्रवचन का समय नहीं।

20/05/2018

एक रंग मेरा भी है

(कश्मीर की स्वायत्तता ख़त्म किये जाने का प्रतिपक्ष)

जो वर्चस्व चाहते हैं, वे स्वायत्तता नहीं चाहते
वे फूलों का खिलना नहीं चाहते
वे बच्चों का तुतलाना नहीं चाहते
औरतों को तो वे मर्दानगी की सम्पत्ति समझते हैं
सेना हमेशा उनके लिए संविधान की जगह लेती है

स्वायत्तता आदमी के लिए हवा की तरह होती है
ज़रूरी है खिड़की दरवाज़ों का खुला होना
ये बन्द हों तो हिंसा होती है
शासन की इच्छा के अन्दर से पनपती है यह हिंसा

आदमी अपनी पहचान का रंग चाहता है
अपने रंग के लिए
वह चिनाब हो जाना चाहता है
झेलम हो जाना चाहता है
कभी–कभी वह
बोडो हो जाना चाहता है तो कभी नागा
वह बस्तर भी हो जाना चाहता है

जबकि शासन चाहता है
सब कुछ उसके विचार के रंग का हो जाना

स्वायत्तता अलगाव नहीं है, यह विविधता है धरती के रंगों की
यह स्वाभाविक है वनस्पतियों की तरह
जो स्वाभाविक है वह खिल जाये तो दुनिया सुन्दर लगती है।

05/08/2019

उस बीती बात की याद में

(साहित्य अकादेमी सम्मान समारोह के बाद शहीद पुरखों को याद करते हुए)

उस दिन के बहुत दिनों बाद आज लगा कि
दुनिया थोड़ी और बढ़ी
दुनिया थोड़ी और बदली
हमारी पृथ्वी एक और करवट पली

हम जो क़ैद किये गये थे अपशब्दों की भाषा से
हमारी जो ज़ंजीरें बँधी थीं सभ्यों की परिभाषा से
वह सब कुछ थोड़ी और दरकी
वह सब कुछ थोड़ी और कड़की

उन शहादतों को हूल जोहार!
उन विचारों को हूल जोहार!
जिसने दी यह शक्ति
जिनसे मिली यह कविता
कविता चले उनकी राह
शब्द चलें भेदने शत्रु के विचार

हालाँकि यह दुनिया अब पूरी नहीं बदली
हालाँकि यह लड़ाई अब भी है और बाक़ी

फिर भी लगा आज
थोड़ा कुछ हुआ इधर–उधर
थोड़ा कुछ हुआ उलट–पुलट
हिन्दी कविता में हूल जोहार!
हिन्दी कविता को हूल जोहार!
जिसने उठाई लुकाठी
उस कवि को हूल जोहार!

08/09/2019, डिब्रूगढ़

चाय बागान की अंग्रेज़ी मशीन

यह मशीन अंग्रेज़ों ने लगाई थी
चाय बनाने के लिए
चाय का स्वाद बढ़ता गया
और यह मशीन ख़ून पीने लगी

वे हाँक लाये गये थे थोक के थोक
वे भी चले आये रेला से रेला
कहते हैं भूख इतनी थी कि
लोग तेज़ चलने लगे थे
'असम देश में भात मिलता है
भूटान देश में टाका मिलता है'
वे गाने लगे थे

यह कोल विद्रोह के आसपास की बात थी
यह हूल और उलगुलान के आसपास की बात थी
बातों–बातों में लोग फुसला कर लाये गये थे
कुछ भाग कर आये थे
ज़मींदारों की मार से ज़्यादा ठीक लगती थी
चाय की हरियाली
उन्हें चाय से ज़्यादा पसन्द थी हँड़िया

उन्होंने अपनी देह गला दी
चाय के बागानों में

यह अंग्रेज़ी मशीन आज भी है गवाह कि
बागान में काम करने वालों को कहा गया 'टी ट्राइब'
उन्हें खेतों को कोड़ने वाला
गाँवों को बसाने वाला कहा गया
लेकिन उन्हें नागरिकता के सीमान्त पर धकेला गया

वे अपने साथ माँदर भी ले आये थे और करम के गीत भी
अपने ख़ून–पसीने के साथ उन्होंने इसे भी यहीं रोप दिया
इसकी जड़ें निकलीं बरगद की तरह
और वे वापस नहीं लौट पाये
अगर भाई लौटे भी तो उनके भाइयों ने उन्हें नहीं पहचाना
अगर कभी पहचान भी पाये तो वे गुम हो गये

चाय बागान की यह अंग्रेज़ी मशीन
आज भी है चाय की फ़ैक्ट्री में
यह तो ख़ुद नहीं चलती
लेकिन उसकी नयी पीढ़ी चलती है देसी क़ानून से
मशीन होती ही ऐसी है
चाहे वह अंग्रेज़ी हो या देसी
वह तोड़ती है,
जलाती है,
पीसती है
और पैकेट बन्द करके बेच देती है
उन्हें भी बेचा गया बार–बार अब तक
वे जिनकी जड़ों का एक हिस्सा मैं भी हूँ

चाय बागान की अंग्रेज़ी मशीन के
देसी सहोदर बहुत हैं
सबके पंजों में हैं बड़े–बड़े नाख़ून।

(असम चाय बागान की फ़ैक्ट्री से लौट कर)

9/9/2019, डिब्रूगढ़

जटँगी के खेतों के बारे में

आदिवासी औरतों की हँसी को
कौन जानता है, सिवाय जटँगी के बीजों के
साँवली हँसी हथेलियों से फिसलती है
और खलिहानों में सोहराई के राग सुनाई देने लगते हैं

आदिवासी औरतों के जादू को कौन जानता है
सिवाय जटँगी के खेतों के
वहीं से आता है उनके बच्चों के लिए दूध
और वे मवेशियों को सिन्दूर लगा आती हैं
उत्सव में जाने से पहले

आदिवासी औरतों की ताक़त को कौन जानता है
सिवाय उनके गीतों के
उनकी खुरदुरी हथेलियों में अटक जाता है उनका दु:ख
वे भेड़ियों को गाँव की सीमा से बाहर हाँक आती हैं

आदिवासी औरतों के बारे में
और कौन जानता है सिवाय जटँगी के खेतों के।

02/11/2018

परदे से गुम हो गयीं स्त्रियाँ

मैं परदे से गुम हो गयी स्त्रियों के बारे में सोच रहा हूँ
सोच रहा हूँ कि
क्या उन्हें कोई नायक नहीं मिला
जो उनको लापता होने से बचा लेता

मैं बचपन में देखी गयी
उन अभिनेत्रियों को खोज रहा हूँ
जिनके चेहरे की कथा
उम्र के दो दशकों में मुझे कहीं नहीं दिख रही
क्या अभिनेत्रियों की उम्र इतनी कम होती है?

मैंने परियों की कहानी सुनी है
परियाँ सुन्दर होती हैं
परियाँ जादू करती हैं
परियाँ अचानक ग़ायब हो जाया करती हैं
क्या वे सभी अभिनेत्रियाँ
ग़ायब होने की कला जानती थीं?

मुझे बताया गया है कि
कलाएँ आत्मा गढ़ती हैं
कलाकार उसका मज़दूर होता है

तो क्या मज़दूरी नहीं मिलने की वजह से
उन्होंने काम पर आना बन्द कर दिया?

ऐसी कई स्त्रियाँ हैं
और कई परदे हैं जो हमारी आँखों में टँगे होते हैं
घर भी परदा है
स्कूल भी परदा है
कॉलेज भी परदा है
नौकरी भी परदा है
इन जगहों में साथ काम करनेवाली स्त्रियों को
मैंने कभी नहीं देखा मेरी तरह कविता लिखते हुए
अपने मन से कहीं भी चले जाते हुए
यहाँ तक कि यह कहते हुए भी नहीं सुना कि
माँ बनने से पहले एक बार तो ताजमहल की यात्रा ज़रूरी है
पता नहीं वे फिर कभी
ताजमहल देख पायेंगी भी या नहीं इस राजनीतिक समय में

मैं परदे से गुम हो गयी स्त्रियों के बारे में सोच रहा हूँ
सोच रहा हूँ कि क्या
ताजमहल की राजनीति से सदियों पहले
उनकी उम्र को लेकर एक स्वर में राजनीति हो चुकी है?

19/10/2017-08/12/2017

मेरी माँ, मैं और भेड़िये

उसके दरवाज़े हमेशा जंगल की ओर खुलते रहे
और वह बीहड़ों में चलती रही
भेड़ियों की पदचाप
सबसे पहले वही सुनती है आज भी
इसी तरह कई दशकों से वह हमें सहेज रही है

नक्सलबाड़ी के ठीक समय उसका जन्म हुआ होगा
उसकी माँ एक दिन दूसरी शादी करके चली गयी
वह ठोकर खाकर नहीं गिरी
वह तो गिरते हुए लोगों को देख रही थी
कुछ लालच में गिर रहे थे और कुछ गोली खाकर
उसने यह फ़र्क़ जान लिया था
और वह जंगलों में रायफल चलाना सीख आयी

कविता में यह बेतुकी बात हो सकती है कि
एक माँ रायफल चलाती है
लेकिन आलोचकों को यह बात स्वीकार करनी चाहिए
और उसके प्रतिमानों पर बहस करनी चाहिए
कि जब जंगल में भेड़ियों से घिरे हों उनके बच्चे
तो उनकी माँ को क्या करना चाहिए?

और माँ ने वही किया जो एक माँ को करना चाहिए
वह भूमिगत हुई, वारंट निकले
लेकिन उसने समर्पण नहीं किया
बच्चों के लिए इससे ज़्यादा और वह क्या कर सकती थी?

वह हँड़िया बेचती थी और पीट आयी
वसूली करनेवाले दरोगा को
वह मुर्गी बेचती थी और आँख तरेर आयी दबंगों को
उसके पास कुछ भी नहीं बचता था हाट से घर लौटते हुए
रोज़–रोज़ वह ऐसे ही क़िस्से सुनाती थी हम सबको
वह कुछ और दे भी नहीं सकती थी हमें इन क़िस्सों के सिवाय
पिज्जा, बर्गर, वीडियो गेम, टीवी–फीवी कौन जाने
वह तो गुरिल्ला थी
और क्या दे सकता है एक गुरिल्ला अपनी जान के सिवाय?

उसके दरवाज़े आज भी जंगलों की तरफ़ खुलते हैं
और वह बीहड़ों में चलती है
माँ ऐसी ही होती है
वह न ख़ुद बिकती है
न अपने बच्चों को बिकने देती है
न ही खेत, खलिहान और जंगलों को बिकने देती है।

13/05/2018

गाँव हो जाना तुम और मैं शाम

अब जबकि शहर होना ही
मुहावरा हो गया है जीने का
तुम एक आदिवासी गाँव हो जाना और मैं शाम

रूमानियत वाली उन तस्वीरों को छोड़कर
जिसमें कुछ चरवाहों को
मवेशियों के साथ
पगडण्डी पर लौटते हुए दिखाया जाता है
तुम बन जाना एक औरत
थके हुए चेहरे पर
धरती का सुकून लिए हुए

तुम चलो आत्मविश्वास के साथ
धान की क्यारियों पर
और कहो पहाड़ों से औरत हो जाने के लिए
उन्हें भी खेतों में गीत गाना चाहिए

लौटना तुम अलाव की ओर
और बच्चे तुम्हें घेर कर ज़िद करें
कन्द मूल कोई सिझा देने के लिए

और तुम मुस्कुरा कर बढ़ा दो
उनकी तरफ़ पेंसिल और काग़ज़

थोड़ी चपत बिल्ली को लगाना
और थोड़ी झिड़की अपने कुत्ते को भी
कहना सबसे कि
बिना कमाई कुछ नहीं मिलता
केवल दुम हिलाने से कुछ नहीं होता

जबकि अब आदमी होना
भाषा की मर्यादा नहीं रही
तुम अखड़ा हो जाना
बजनिया, नचनिया,
गवैया, सहिया कुछ भी हो जाना
सैन्य निगरानी के जवाब में,
संवाद की परिभाषा में शामिल हुए बिना
सम्भव नहीं है गणतन्त्र का होना

बहुत जद्दोजहद है जीने में
बहुत पैसा है
हँसने में, गाने में
खाने में, पीने में
शहर होने के इस मुहावरे से अलग
तुम होना गाँव अपने अन्दर
मैं उतरूँगा शाम बनकर
तुम सिमटना मुझमें
मैं पसर जाऊँ तुम पर, और

तुम उतार लाना तारे मेरी बाँहों में
तुम होना जंगल का एक गाँव
एक आदिवासी होना
और उछाल देना
ग्लोब को माँदल की दिशा में।

28/12/2019

इतिहास के रास्ते का सूरज

अपने अहं का झण्डा लेकर चलने वाले लोग
पगडण्डियों पर नहीं चलते
वे अपने इतिहास की लकीर पर चलते हैं
वे क़िलों, दरबारों, दस्तावेज़ों
और पाण्डुलिपियों पर चलते हैं
वे गौरव और वैभव की कुन्द हो चुकी रेती से
अपनी कविता की भाषा चमकाते हैं और
उसका एस्थेटिक भी उससे अलग नहीं होता है

उनका इतिहास भले ही
जनता की रोटी के लिए नमक न देता हो
यह उनके होने को अहम् देता है
वे खँडहरों पर खड़े होते हैं और
जर्जर देह के वर्तमान को झूठ से पोत देते हैं
श्रेष्ठता कहीं और होती है, भूख कहीं और

जबकि इतिहास का अपना पदानुक्रम है
फिर भी वे यह नहीं मानते कि
निर्णय और नीतियाँ उनके स्वार्थ से परे नहीं थीं
वे एक मुखौटा तैयार करते हैं और
उसे सभी चेहरों पर टँगा देखना चाहते हैं

वे किसी की पहचान को
मुखौटों से ढँक देने की हिंसक क्रिया करते हैं

जैसे उन्होंने अफ्रीका को काली रात कहा
जैसे उन्होंने एशिया और अरब को बर्बरता से रौंदा
उससे अलग उन्होंने स्त्रियों के लिए वर्णमाला नहीं बनायी
उससे अलग उन्होंने मेहतरों के लिए मुहावरे नहीं गढ़े
आदिवासी होने को उन्होंने शास्त्रों का धर्म नहीं माना
वे दिशा का ज्ञान अपने इतिहास के खँडहरों में ही खोजते हैं

वे इतिहास की लकीर पर चलते हुए
पगडण्डियों को रौंद देते हैं
अपनी रथयात्रा से कुचले हुए लोगों को
उन्होंने कभी देवता नहीं माना
और आदमी होने के लिए उठी हुई आवाज़ को
उन्होंने हमेशा अपने ख़िलाफ़ साज़िश माना

सूरज उनके लिए हथेली पर उगा
शासन का पैतृक स्तम्भ है
उसकी रोशनी में
वे नहीं चाहते किसी आकृति की पहचान बने
उसकी आवाज़ को भी
वे ज्ञान–मीमांसा का हिस्सा नहीं मानते
शम्बूक के समय से ही उनकी व्याख्या में यह द्रोह है

वे चाहते हैं स्त्री है अगर तो
उसे मान लेना चाहिए चौखट की भाषा को
अगर कोई चमड़े का कारीगर है
तो उसके जन्म को

वे चमड़ा ही देना चाहते हैं
जंगलों से तो वे सारा खनिज चाहते हैं
लेकिन गीतों का गुरिल्लापन नहीं
भूखे की थाली के लिए
वे देवताओं को कोसना ज़्यादा पसन्द करते हैं
सिवाय अपने इतिहास के

पगडण्डियों पर छोड़ दी गयी इन बातों को कौन कहेगा?
कौन कहेगा किसी बौद्धिक के कॉलर पर लगे
मक्खी के धब्बे को इतिहास की हिंसा का ख़ून?
सिवाय एक कवि के
जो ख़ुद पगडण्डियों का वंशज हो!

2019

हमारा प्यार

जिन्होंने नदी को नहीं समझा
वे एक दिन प्यासे रह जायेंगे
जिन्होंने चिड़ियों को नहीं जाना
वे एक दिन बेसुरे हो जायेंगे
जो पेड़ों की बात नहीं सुनते
वे एक दिन नंगे हो जायेंगे

और जो तुमसे प्यार करते हैं
वे लड़ेंगे
इन सारी चीज़ों के लिए।

2018

मैं जानता हूँ पुल की हिंसा को

आज मैं नदी किनारे गया था
मैंने देखा नदी भरी हुई थी बरसात के पानी से
एक औरत सिर पर चावल की गठरी लिए
नदी पार करना चाहती थी और
एक बच्चा स्कूल से घर लौटना चाहता था

मटमैले रंग से रँगी नदी में उफ़ान आया हुआ था
पानी भँवर बना कर तेज़ी से घूम रहा था
औरत नदी पार कर घर जाना चाहती थी
उसके बच्चे उसका रास्ता देख रहे थे
बच्चे को भी तैर कर घर जाना था
घर में उसकी माँ उसका रास्ता देख रही थी
और उसे अपने बस्ते को
भीगने भी नहीं देना था
कल के होम वर्क के लिए

बिना पुल के तेज़ धारा में नदी पार करनी थी
तेज़ बहाव के साथ पानी में अजगर का भी डर था
वह पहले ही कई लोगों को निगल चुका था
बादल डराते थे बीच–बीच में गरज कर

उस औरत ने बिना पुल के नदी पार की
और स्कूल के बच्चे ने भी
उन्होंने तैर कर नदी पार की थी

लेकिन मैं कह नहीं सकता
नदी पार कर वे दोनों घर पहुँचे या नहीं
क्योंकि जब मैं नदी किनारे से वापस लौटा
तब तक ख़बरों में छप चुकी थी
पुलिस मुठभेड़ में मारे जा चुके लोगों की कहानी

औरत की कहानी उसके बच्चों के साथ ख़त्म नहीं हुई
स्कूलिया बच्चे की कहानी
उसकी किताबों के साथ ख़त्म नहीं हुई
हर बरसात में उफनती है यह नदी
और चीख़ती हुई कहती है कहानियाँ
कवि कहते हैं यह सभ्यता की कहानी है

मैं एक ठेठ आदिवासी जानता हूँ पुल की हिंसा को
पुल न हो तो इन्तज़ार में आँसू मरते हैं
और जब पुल बनाना हो तो
पुल बनाने वाले
नदी और उसके तैराक को रौंद डालते हैं
हर बरसात में यह पुल ढह जाता है और
विकास के छोर पर नदी किनारे के लोग बह जाते हैं

मैं नदी से कहता हूँ वह क्यों रोज़
मेरी आँख के कोरों से होकर बहती है?

नोट : हमारे यहाँ की जंगली नदियों में एक विशालकाय आदमखोर साँप मिलता है। इसके कई क़िस्से मिलते हैं। मुण्डारी भाषा में उसे 'बोडा बिंग' कहा जाता है। उसे ही कविता में हिन्दी पर्याय के रूप में 'पानी का अजगर' कहा गया है।

19/06/2020

प्रतिबद्ध

जिन्होंने चिड़ियों को दाने दिये
उनके लिए मैं धन्यवाद का गीत गाऊँगा
जो रोगियों के घाव का हिस्सा बने
उनकी आह को अपनी अँजुरी में सम्हालूँगा
जिनकी भाषा रास्ते में प्याऊ की तरह मिली
उनके कण्ठ के लिए अपने आँसू सहेजूँगा
और जो रात–रात भर खड़े रहे सहानुभूति में
उनके लिए थकान से छीन लूँगा अपनी नींद

जीवन ने अपनी लहरों में
कभी चिड़िया बनाया
कभी रोगी
कभी राहगीर बने शमशीरों के
तो कभी
अपने लोगों की मौत ने ग़रीब बनाया

कफ़न के लिए बहुत नाचीज़ है दुनिया
और क़ब्र के लिए बेमतलब है दौलत
जो शोक गीत के साझीदार बने
मयस्सर हुआ जिनको इन्सान होना
उनके लिए होंगे शहादत के शब्द
भाषा का एक–एक रेशा उन्हें ही सौंप दूँगा।

2019

जब कोई विदा होता है

मैंने साल के फूलों को बीज बनते देखा है
वे पहले अपनी टहनी से अलग होते हैं
फिर डाली से और एक दिन जड़ से ही अलग हो जाते हैं
विदाई का यह गीत जंगल के हिस्से आता है

लोग कहते हैं विदा होना सबसे बड़ी त्रासदी है
और वे अपने हिस्से का दुःख समय के दराज़ में रख देते हैं
लेकिन साल का बीज पेड़ बन जाता है
एक से दो, दो से तीन, तीन से चार
और ऐसे ही यह जंगल बन जाता है
उसकी पहचान बनी रहती है
वह आँधी में खड़ा रहता है और तूफ़ानों को चुनौती देता है

जब जंगल में हरे रंग की वर्दी
बूटों के साथ घुसती है
तब विदा के गीत आँसू बन कर रुदन नहीं करते
वे मज़बूती के साथ खड़े रहते हैं और
गुरिल्ला स्मृतियों को अपनी ओट में कर
उन्हें प्रतिघात के लिए तैयार करते हैं

विदा के क़िस्से अनगिनत होते जाते हैं
अणु अणु वे फैलते जाते हैं
कुछ कहते हैं उनकी बेवफ़ाई के बारे में
कुछ उनके प्यार किये जाने के तरीक़ों पर सवाल करते हैं
कुछ उन्हीं तरीक़ों पर रीझ कर उम्र बिताते हैं

जब कोई विदा होता है तब वह
ख़ुद को समय पर बीज की तरह रोप देता है
अलगाव उसकी नियति नहीं होती
भूमिगत होकर वह ऊबड़–खाबड़ ज़मीन पर
अंकुरित होता है और
हँसता है गुरिल्लों की तरह।

08/05/2020

आत्मसुख

जब एक सम्पादक ने लेख माँगा
तो वह कविता लिखने लगा
जब उसने कविता माँगी
तो वह लेख लिखने लगा

उसी तरह जब सड़क पर उतरना था
तो वह गम्भीर अध्येता बन
अपनी लाइब्रेरी में घुसा हुआ था
और जब बहस के लिए पढ़ना था तब
वह सड़क पर बिना मतलब टहल रहा था

यह अराजकता नहीं थी
यह सुख की चाह थी
इससे न अभिव्यक्ति पर ख़तरा था
न ही गढ़ और मठ टूटना था

इससे सिर्फ़ हिन्दी का युवा कवि होना था।

18/03/2020

माफ़ीनामा

"माफ़ करना हमें कि
हमारे चेहरे की चमक तुम्हारे ख़ून से बढ़ी है
माफ़ करना हमें कि
हमने अपने घर की फ़र्श पर
तुम्हारे खाल की कालीन बिछा रखी है
माफ़ करना हमें कि
हमारा वात्सल्य
तुम्हारे बच्चों की देह नोच कर समृद्ध हुआ है
माफ़ करना हमें कि
हमने एक राष्ट्रीय सूत्र के लिए
तुम्हारी भाषा को सूली पर चढ़ाया
माफ़ करना हमें कि
राष्ट्रवाद के लिए हमें कुर्बानियों की ज़रूरत थी

हमें अपनी भूल का एहसास है
और साथ ही तुम्हारे योग का भी
हम तुमसे
तुम्हारी सम्पूर्ण प्रजाति से
मनुष्यता के नाते माफ़ी माँगते हैं
माफ़ करना हमें!
कि अब तक आदिवासियों को हम जंगली समझते रहे"

दुनिया के मानचित्र में
आनेवाली सदी का यह निर्लज्ज माफ़ीनामा होगा
जो तैयार हो रहा है पिछली कई सदियों से
जैसा कि आज मानवाधिकारों की बात करते हुए
रेड इंडियनों के प्रति माफ़ीनामा व्यक्त किया जाता है।

2015

तुम्हारा स्कूल ड्रेस

हज़ारों साल की यातनाओं का दर्द उभारता है
तुम्हारा स्कूल ड्रेस
दुर्ग की मज़बूत दीवारों में क़ैद नहीं थीं किताबें
पोथियाँ क़ैद नहीं रह सकतीं किसी क़ैदखाने में
वह तो हमारी जाति थी जिसके लिए
दुर्ग की मज़बूत दीवारें थीं
बुर्ज पर प्रहरी थे और उनके ख़तरे की घण्टी
हमारे ख़िलाफ़ बजती थी

एक रंग इतिहास की सैकड़ों परतों को उघाड़ सकता है
इसका उदाहरण है तुम्हारा स्कूल ड्रेस
एक आकृति हज़ारों स्मृतियों से संवाद कर सकती है
इसका उदाहरण है तुम्हारा स्कूली झोला

आज जब तुम स्कूल जाती हो
तो लगता है यातनाओं का दर्द कम हो रहा है
आँसुओं की नमी अब कुछ पतली हो चली है
तुम घर की चौखट से ऐसे निकलती हो
जैसे सूरज का रथ निकल रहा हो अँधेरे के ख़िलाफ़
तुम न सिर्फ़ चौका-बर्तन धो जाती हो

बल्कि उन अँधेरे कमरों को भी बुहार जाती हो
जो हमारे ही घरों में पुरुषों की सोच में कहीं टँगा होता है

तुम्हारा यह स्कूल ड्रेस
हज़ारों साल की प्रतीक्षा का आविष्कार है
यह उस गरिमा का प्रतीक है
जिसे हर देह में होना चाहिए
इसे इस्तेमाल किया जाना चाहिए
हर तरह के अपमान और ग़रीबी के ख़िलाफ़
सत्ताओं के ख़िलाफ़ तो
इससे बेहतर और कोई दूसरा हथियार हो नहीं सकता
इसके आविष्कारकों ने यही कहा है

तुम्हारा यह स्कूल ड्रेस जितना सौम्य और शालीन है
यह उतना ही ताक़तवर है
इसे बुनकरों ने कटी हुए अँगुली
और जली हुई रोटी से सेंक कर बुना है
तुम दूर नहीं हो सकती कभी इनकी कारीगरी से
यह इतिहास है तुम्हारे होने का

तुम जाओ और फैल जाओ चहकती हुई
इस दुनिया की रस्मों-रिवाज़ पर
यातनाओं के हर रूप को मिटा दो
उस आँख की स्याही से इबारत लिख डालो
जो अब तक मेरे सीने में कसमसाती रही है।

02/11/2018

एक कविता सहारनपुर

जिन्हें पेड़ होना था वे आततायी हुए
जिन्हें छाँव होना था वे बंजर हुए
और जो दलित हुए
उन्हें गुठलियों की तरह रोपा जाता रहा संसदीय खेत में

मज़दूरी अब विषय नहीं जाति का उत्सव है
अब हत्याओं की होड़ कारीगरी है
मरे हुए तालाब में लाशें नहीं
विचारधाराएँ तैर रही हैं
जिन्हें विमर्श रुचिकर नहीं लगा
प्रति विमर्श को उन्होंने खंजर की जगह दी
यह साहित्य में है, यह चिन्तन में है
यह राजनीति में है, यही सहारनपुर है

जिनकी सन्तानों को पेड़ होना था
जिनकी सन्तानों को हरा होना था
वे समाजशास्त्र के विषय के दकियानूस हुए
वे उठा लाये अपने पुरखों की हिंसक क़ब्रें
झूठी शान और स्वाभिमान का जातीय दम्भ
इतना क्रूर और इतना ज़हरकारी
कि बौद्धिक तक उससे मुक्त नहीं
ख़ून वहीं से रिस रहा है
गोली वहीं से चल रही है

सबको होना तो पेड़ ही था
हरे होते, फूल होते, साँसें होतीं
लेकिन छूटता कैसे उनका अहंकार
और भूलते कैसे हम यातनाएँ
कब तक भंगी कहलाते
कब तक आदमी न कहलाते
होना था ही इतिहास में, जो हुआ सहारनपुर में
क्या कुछ नहीं हुआ हाल ही में गढ़चिरौली में?

मुक्त नहीं हैं हम विभाजन से
तटस्थ नहीं हैं हम सवालों से
हम पहचाने जायेंगे आख़िर
गोली चलेगी जब
तब किधर होगा हमारा सीना
यहाँ वर्ग है, विमर्श नहीं
यहाँ वर्ण है, बहस नहीं
'यह गोली दागो पोस्टर है', विज्ञापन नहीं

शुक्र होगा सब यह जान जायें
कौन बकरी चरावे जेठ में
कौन कलेजा सेंके गुलामी में
कौन लिखे लाल इतिहास
साँवले चेहरों के नीले कन्धों पर?

यह विमर्श है यातनाओं का
जिन्हें न रुचे वे लौटें अपने जातीय खोल में
और हमें ललकारे
यह युग हमारा है, यह इतिहास हमारा है
चलेंगे साथ वे जो मानुष होंगे, खरे होंगे।

15/05/2018

भीमा कोरेगाँव : इतिहास

ताक़तवर को हराया जा सकता है
और कमज़ोर भी ताक़तवर हो सकता है
इतिहास ही बताता है यह

जिन्होंने इतिहास रचा
वे सब केवल शासक नहीं थे
शासन करने वालों को
आँख दिखा कर चलने वालों ने
इतिहास में रचा है अपना पक्ष

जो अपना पक्ष रखेंगे
वही शहीद होंगे
उनका ही इतिहास बतायेगा यह
कि ताक़तवर भी भयभीत होता है
ताक़तवर को भी हराया जा सकता है।

2020

भीमा कोरेगाँव : हस्तक्षेप

चुप रहकर
शास्त्रों और धर्म ग्रन्थों की
मर्यादा से
मौसम नहीं बदलता है
न इससे दिन होता है न रात
न बारिश होती है न बसन्त

आसमान के बदलते रंगों को
देखने के लिए ज़रूरी है
आँख की पलकों की निडरता

जिन्होंने पेशवाओं को दिखाई आँख
उन्होंने बदले रंग
जो बदलना चाहते हैं रंग
चमकदार होगा
उनकी आँखों का ढंग।

2020

भीमा कोरेगाँव : गिरफ़्तारी

वे सब के सब शिक्षक थे
जब ज़ंजीरों में क़ैद हो भविष्य
शिक्षक ही बताते हैं
ज़ंजीर और सूरज का रिश्ता

वे सब के सब कवि थे
जब व्याकरण में उलझ गयी हो भाषा
कवि की कविता ही
बचाती है भाषा को मरने से

वे सब के सब दार्शनिक थे
जब स्वार्थ में उलझ जाता है जीवन
दार्शनिक ही सुलझाते हैं
जीवन और जंगल के रिश्ते को

वे सब के सब कलाकार थे
जब हत्यारे अट्टहास करते हैं तो
कलाकार ही बताते हैं
उनकी हिंसा की नीतियों के बारे में

आप उन्हें वकील कह सकते हैं

प्रोफ़ेसर कह सकते हैं
गायक कह सकते हैं
ग्राम सभा के कार्यकर्ता कह सकते हैं

इन सभी भूमिकाओं में
जिन्हें गिरफ़्तार किया जा रहा है
उन्हें आप देशद्रोही कह सकते हैं
लेकिन उन्हें आप दरबारी नहीं कह सकते
चापलूस नहीं कह सकते
भक्त नहीं कह सकते
जुमला वाले तो बिल्कुल नहीं कह सकते

पेशवाओं की अवज्ञा से बना था एक गाँव कोरेगाँव
उनसे असहमत होकर बना फिर से भीमा कोरेगाँव।

2020

भीमा कोरेगाँव : खूँटी

एक गाँव ने सवाल किया
एक गाँव ने पत्थलगड़ी किया
सब कहलाये देशद्रोही
सब कहलाये मिशनरी
एक गाँव फिर से बना भीमा कोरेगाँव।

2020

अबुआ: दिसुम वालों के बीच में

तुम जहाँ क़दम रखोगी
उसकी मिट्टी लाल है
और आसमान हरा
यह जीवाश्म है उनका
जिनके पूर्वज झुके नहीं
तुम महसूस करोगी यहाँ की हवाओं में
ऊँचे शिखरों से टकराने की ज़िद को

हाँ, यह ज़मीन है चुटिया और नागू की
जिनके नाम के योग से छोटानागपुर बना
यह बाज़ पक्षियों की पहाड़ी रही है
बाज़ मुण्डाओं के शिकारी साथी थे
उनके नाम से ही इस जगह का नाम राँची हुआ
मदरा मुण्डा की परगना में
तुम उतरोगी तो याद करना
पड़हा के लोगों को
जिन्होंने युवाओं से कहा था प्रेम गीत गाने के लिए

तुम स्टेशन से उतर कर बढ़ोगी
उत्तर की ओर
फिर तुम्हें मुड़ना होगा पश्चिम की तरफ़

दिशाएँ यहाँ भी होंगी तुम्हारे शहर की तरह
लेकिन कहीं नहीं मिलेगी
मोराबादी या ईंद टाँड़ की ख़ूबसूरती
यह मेहनतकशों के उत्सव की धरती है

तुम जैसे–जैसे इस शहर में अन्दर धँसोगी
तुम्हें दिखायी देंगे सभ्यता के ध्वंस के अवशेष
तुम देखोगी साँवले रंग पर पसरते विज्ञापनों को
सुनहली मुस्कान को गिरफ़्त में करते
बाज़ार के जाल को
तुम सुन सकती हो उससे लड़ते
औरतों की पाइका ताल को
बहू बाज़ार या सतरंजी हाट में
या काँटा टोली चौराहे पर
देख सकती हो
मज़दूरों की आँखों में दबे हुए विद्रोह को

तुम अनायास ही देख सकती हो
बाइक पर लहर मारते युवाओं को
वे तुम्हें कोई जवाब नहीं दे सकते
धुमकुड़िया या गीतिः ओड़ाः के बारे में
तुम्हें दुख हो सकता है यह जानकर कि
ये न पत्थलगड़ी समझते हैं और
न ही सारंडा की धड़कन सुन सकते हैं
तुम यहाँ ऐसे सूम को देख सकती हो जो
हरियाली की देह पर चढ़ कर
अपनी बंजर चमक बढ़ा रहा है

ये मेरे विवरण बहुत कोरे हैं
जनता की गाढ़ी स्मृतियों और
उनके ख़िलाफ़ होने वाली साज़िशों के बारे में
तुम्हें लगेगा सब कुछ तो अच्छा ही दिख रहा है
सब कुछ सुन्दर ही लग रहा है
लेकिन जो अन्दर है मेरी स्मृतियों में
जो दफ़न है राँची के होने में
उस पर खरोंच बहुत गहरे हैं
यहाँ की नदी के गीतों तक की हत्या हुई है
राजधानी होने की क़ीमत जनता की ज़मीन होती है
यह तुम खुद ही जानो

महसूस करो कि रेड इंडियन्स की तरह
समूल धकेले जा रहे हैं यहाँ के बाज़ पालक
और मुझे बताओ कि यह सब झूठ है
मैं भी कहूँगा
काश! यह झूठ ही होता
काश! अबुआः दिसुम की बात झूठी होती
काश! यह कविता कितनी अलग होती।

नोट :

1. *'अबुआः दिसुम' यानी 'हमारा देश'। यह बिरसा मुण्डा के उलगुलान का उद्घोष है।*
2. *कहा जाता है कि बाज़ पक्षियों की पहाड़ी होने की वजह से ही राँची का नाम राँची पड़ा। मुण्डाओं की भाषा में 'बाज़' पक्षी को 'रेंची' कहा जाता है। यह उनका साथी रहा है। मुण्डा मानते हैं कि 'रेंची' ही अपभ्रंश होकर 'राँची' बना।*

15/01/2020

❐❐

औपनिवेशिक समय में जब शासन ने आदिवासियों से उनकी ज़मीन का मालिकाना सबूत माँगा तो कचहरी में आदिवासियों के साथ पत्थर भी खड़े हुए। अंग्रेज़ों की अदालत ने आदिवासियों के पक्ष में पत्थरों की गवाही को स्वीकार नहीं किया। उनकी ज़मीन पर सेंध लगाने के लिए अंग्रेज़ों ने उनके 'पत्थरों' के प्रयोग पर निषेध लगाया। उसके बाद जब–जब आदिवासियों ने अपनी ज़मीन का दावा किया, तब–तब शासन ने उनकी 'पत्थलगड़ी' पर निषेध लगाया। सहजीविता और स्वायत्तता को कुचलने की शासन की साज़िश बहुत पुरानी है। दुखद है कि आज भी कई आदिवासी गाँव 'पत्थलगड़ी' करने के आरोप में देशद्रोही माने गये हैं। आज जब फिर से आदिवासियों से उनकी ज़मीन का पट्टा माँगा जा रहा है तो पत्थर फिर से उनके पक्ष में गवाही के लिए खड़े हुए हैं। इस बार आदिवासियों के साथ केवल पत्थर ही नहीं खड़े हैं बल्कि उनके साथ कविता भी खड़ी हो गयी है।

अब कविता के स्वभाव पर बात करने के लिए ज़रूरी हो गया है कि पत्थरों के स्वभाव की बात की जाये। पत्थर सिर्फ़ आदिवासी जीवन के गवाह नहीं हैं। वे छाँव देने वाले पेड़ों के बारे में जानते हैं। वे नदियों के बारे में जानते हैं जिनके गर्भ में केवल मछलियाँ ही नहीं होतीं बल्कि किसानों के सहोदर भी होते हैं। वे जंगलों, पहाड़ों और सम्पूर्ण पारिस्थितिकी के बारे में जानते हैं। वे समूची मानव सभ्यता के गवाह हैं। वे मनुष्य की भूख के बारे में सबसे ज़्यादा जानते हैं। वे मनुष्य के भटकाव को जानते हैं। वही हैं जो ग़लत रास्ते पर चलते हुए राहगीरों के पाँव में ठोकर बनकर लगते हैं और नये रास्तों की खोज कराते हैं।

यह पत्थरों पर निषेध लगाने का सरकारी समय है। यह पत्थरों को सभ्यता के नाम पर ज़मींदोज़ कर देने का क्रूर समय है। ऐसे में कविता वस्तुओं की नक़्क़ाशी की कविता नहीं हो सकती। पत्थरों से देव–मूर्तियों का शिल्प उकेरने की कविता तो कतई नहीं हो सकती। यह सत्य के पक्ष में गवाही देने वाले की अनगढ़ता को स्वीकारने वाली कविता होगी।